IMAGEN
VENDEDORA
CÓMO HACER LA VENTA DE TU VIDA

IMAGEN VENDEDORA

CÓMO HACER LA VENTA DE TU VIDA

VÍCTOR GORDOA

Grijalbo

Título de la obra: **IMAGEN VENDEDORA**

Derechos reservados © en 2007, por Random House Mondadori, S.A. de C.V.
y Víctor Gordoa

Las características tipográficas de esta obra, así como la clasificación temática de los textos que la integran, son propiedad registrada. Se autorizan breves citas en artículos y comentarios bibliográficos, periodísticos, radiofónicos y televisivos, dando al autor y al editor los créditos correspondientes.

Fotografía de autor:
Nadina Markova

Primera edición: octubre de 2007

Random House Mondadori, Homero 544, col. Chapultepec Morales,
11570, México, D.F.
Tel: 3067 8400. Fax: 3067 8414

Para enviar un correo electrónico diríjase a las páginas de internet:
www.imagenpublica.com.mx
www.rhmx.com.mx

ISBN: 978-970-780-222-3 (tapa rústica)
ISBN: 978-970-810-083-0 (tapa dura)
ISBN: 978-030-739-171-1 (Random House, Inc.)

Impreso y hecho en México
Printed and made in Mexico

*Dedicado a todos aquellos a quienes les he querido comprar
y han hecho lo posible para que no se pueda.*

Índice

Introducción

Queridos lectores:
     Vengo de una familia de vendedores. Mi padre y sus hermanos empezaron vendiendo radios en la década de los cuarentas, allá antes de la mitad del siglo pasado. Cuando en los cincuentas nació la televisión, mi padre se cambió a vender televisores. Fue de los primeros, lo hacía casa por casa y además personalmente instalaba la antena en la azotea. Cuando las ventas se multiplicaron, decidió poner su propia tienda, que con el tiempo y su trabajo fueron dos, luego tres y hasta cinco, que lo convirtieron en un hombre próspero. Corría la década de los sesentas.

Cuando nací junto con la televisión, nunca supe cuánto me marcaría la vocación vendedora de mi padre. Era yo un niño de apenas siete años y ya me llevaba a su tienda para que le ayudara a vender; para ello me daba un pequeño trapo, una botella de líquido lustrador de muebles y la instrucción de que limpiara todas las consolas estereofónicas que habían llegado para ampliar su línea de productos. Después limpié también refrigeradores, lavadoras, estufas y quién sabe cuántos muebles más. Al cumplir los diez años me dio mi primer ascenso y con él mis nuevas obligaciones fueron ayudarle a vender haciendo publicidad en la calle. Fue entonces que me convertí en niño repartidor de volantes que anunciaban las constantes rebajas de precio y los plazos para pagar sin intereses que la tienda ofrecía.

Fui creciendo con las tiendas y conociendo de cerca las negociaciones que mi papá hacía con sus proveedores. Le escuché pedirles lo inverosímil, y lo mejor del asunto, constatar que se lo concedieran, porque nunca dejó de ofrecerles algo a cambio... muchas ventas. Fueron años dorados. Por sugerencia de él me metí a estudiar en la Universidad Iberoamericana Administración de Empresas en lugar de Comunicación, como lo indicaban mis estudios vocacionales. Se trataba de prepararme para hacer más grande su negocio y, de paso, aunque nunca me lo dijo, hacer redituable la inversión que estaba haciendo en mi educación, que se había pagado con el producto de sus ventas.

Llegaron los setentas y con ellos la quiebra del negocio paterno. La causa: ventas mal hechas. Vendedores coludidos con investigadores de crédito que falseaban los reportes, vendedores coludidos con repartidores que nunca entregaban la mercancía, vendedores que mentían al cliente ofreciéndole cosas que nunca se cumplirían, vendedores que se quedaban con los enganches de ventas que jamás se reportaban. En fin, vendedores a quienes tuve que despedir con todas sus consecuencias, cuando al terminar mis estudios llegué con la escoba a limpiar el negocio, labor que me tomó cinco angustiosos años, pero que me enseñaron todo acerca de lo que no se debía ser y hacer en las ventas.

Cuando terminé de sanear la empresa, mi padre hizo otra venta más... la de la propia empresa completita, que realizó incluidos inventarios, personal, edificio y hasta mobiliario de oficinas. ¡Antes digan que no me vendió también a mí! Esa venta y la de los bienes inmuebles que había ido acumulando durante los tiempos de las vacas gordas, le permitieron sortear los tiempos de crisis y semirretirarse dignamente hasta el día de su muerte, que ocurrió tres semanas antes de que finalizara de escribir este libro. Mucho me duele que no lo haya visto terminado.

Como ven, toda la primera parte de mi vida estuvo relacionada con las ventas y la segunda... también. Una vez que seguí mi vocación e ingresé al mundo de los medios de comunicación, me convertí en un vendedor de ideas que me llevaron hasta el puesto de productor de televisión con la ventaja de que mis programas se vendían muy bien, porque así los había concebido, como productos que debían vender mucho para que se mantuvieran mucho tiempo al aire. Cuando dejé a los medios para seguir la idea de convertirme en un Consultor en Imagen Pública® y me di a la tarea de crear los conceptos de Ingeniería en Imagen Pública® e Imagología® pronto me di cuenta de que venderlos no iba a ser tan fácil. La vuelta para lograrlo, en la que tuve además que venderme a mí mismo y crear una reputación, me tomó otros quince años que se han visto coronados con la fundación de estudios superiores y de postgrado especializados en el área de la Imagen Pública®, los cuales se imparten exitosamente en el Colegio de Consultores en Imagen Pública®.

Por otro lado soy un buen comprador, eso también me viene de herencia, y constantemente me encuentro con vendedores que no saben hacer su trabajo, que parece que te están haciendo el favor de venderte, que a todo dicen que no y que prestan un servicio tan malo que invita a no querer volverlos a ver. Pensando en ellos, y en muchos más que quisieran mejorar en las ventas y contribuir con su trabajo a generar riqueza fue que decidí ponerme a escribir. Aplicar los conocimientos de la imagen pública a las ventas fue entonces una consecuencia natural.

La vida es una venta constante llena de compradores insatisfechos. No importa qué estemos vendiendo, si ideas, proyectos, productos, servicios o a nosotros mismos, este libro contribuye a poder satisfacerlos.

El resultado de mezclar mis experiencias en las ventas con los conocimientos que he adquirido en imagen pública es un libro diferente que comparte con ustedes, por primera vez, lo mejor de ambos mundos, entregado bajo una forma original que lo hace fácil de leer y entretenido. Espero que ustedes disfruten de su lectura tanto como yo gocé de su escritura.

Reciban el saludo y agradecimiento de su amigo,

VÍCTOR GORDOA, CIP

CAPÍTULO UNO

La venta fallida

L levo más de media hora observando a ambos vendedores en sus inútiles esfuerzos por tratar de que los posibles clientes les compren. Él es un hombre de unos cuarenta años, moreno, de cabello negro peinado con copete y tiene los ojos oscuros, es de buena estatura pero está pasado de peso. Viste un traje de mediana calidad de color gris Oxford, camisa blanca de manga corta y corbata con estampado de la temporada anterior. En la muñeca luce un reloj de acero. Por su aspecto puedo deducir que proviene de la clase media y que probablemente tuvo algunos estudios de educación superior. Ella es mucho más joven, rondará los treinta años, tal vez tenga veintiocho y es evidente que usa su atractivo personal para tratar de convencer a los hombres que se le acercan. Es blanca de ojos claros, lleva el cabello largo teñido de rayitos rubios, viste una blusa *halter* escotada que perfila una bella línea de hombros y por la marca fashion de su reloj tal vez tenga un nivel socioeconómico superior al de su compañero. Ambos han estado platicando, los he visto fumar y hasta juguetear en lo que se acercan los interesados en los productos que ellos venden. Estoy en una expo, durante un descanso y como no tengo algo mejor que hacer me acerco para curiosear un poco entre tantas cosas exhibidas.

—¿Se le ofrece algo? —me pregunta el vendedor, que por lo visto es más experimentado que su compañera; ésta prefiere quedarse un poco atrás y a la expectativa.

—No gracias, estoy sólo mirando —le contesto como lógica respuesta automática que provoca el más obvio de los saludos.

Ante mi negativa, él decide retroceder y volver a sentarse junto a su compañera, quien debido a mi recorrido visual no tiene más remedio que hacer contacto conmigo y terciar.

—Si le puedo ayudar en algo, hágamelo saber —agregó y sus enormes ojos claros funcionaron como una invitación a quedarme un rato más.

—¿Me puede enseñar aquel producto de atrás? —dije a ella con fingido interés—. Ese que se ve más grande.

—Con perdón de usted, pero eligió el más caro de todos y también el más difícil de entender —soltó sin darse cuenta de que me había hecho sentir pobre y estúpido al mismo tiempo.

—De todas formas quiero verlo y no creo que el precio sea un problema —añadí herido en mi orgullo—. Además, si su funcionamiento es difícil, usted podrá explicármelo, ¿no es así?

—Qué más quisiera, pero el proveedor todavía no nos ha dado la capacitación, yo soy una edecán de ventas contratada para este evento y nuestro supervisor todavía no ha traído los instructivos —respondió como si tal ineficiencia fuera lo más normal del mundo.

—Bueno, ¿qué otro producto me podría enseñar que no fuera tan caro y que sí supiera demostrar? —le pregunté con afán de poner a prueba sus conocimientos. Ella sólo acertó a voltear hacia su compañero de ventas haciendo un gesto de angustia e interrogación. A él no le quedó más remedio que intervenir desde lejos con evidente mala gana.

—A ver dígame, ¿qué está buscando?

—Nada en especial, tal vez algo que pudiera ser útil para la oficina.

—Pues eso que está en el anaquel es todo lo que tenemos, véalo y si algo le gusta entonces se lo mostraré.

No tenía más qué decir. Me desanimó y enojó que ninguno de los dos supiera atenderme y mucho menos que quisiera venderme algo, uno por falta de voluntad y la otra por falta de conocimiento. Esto me llevó de inmediato a pensar en la enorme pérdida de ventas diarias que debería estar teniendo la compañía para la que ambos trabajaban, precisamente por emplear a tipos como ellos que a todas luces no eran vendedores profesionales y también a preguntarme si los jefes estarían enterados de su desempeño. ¿Los capacitarían? ¿Con qué frecuencia los supervisarán? ¿Estarán a comisión y tendrán cuotas que cumplir o ganarán un sueldo fijo? ¿Se habrán dado cuenta de todos los errores que cometieron? Quién sabe, pero lo que sí me quedó claro es que la mala impresión que me causaron había deteriorado la imagen de la compañía que representaban. Así, con esos pensamientos en mente, caminé rumbo al salón principal donde se estaba ofreciendo una conferencia que irónicamente llevaba como título: "Cómo convertirse en un vendedor exitoso"; no pude menos que sonreír burlonamente.

La sesión de una hora de duración no pasó de ser la típica charla motivadora en la que el expositor repitió hasta el cansancio los sobados conceptos de "tú puedes", "lo único que necesitas es atreverte" y "no debes quedarte con un no como respuesta" para de ahí referir cómo deberían manejarse las objeciones que esgrimen los clientes para no comprar y rebatir para poder cerrar la anhelada venta. Ésa era la fórmula para convertirse en un vendedor exitoso. "No puede ser, pensé. ¿Cuántas veces había escuchado pláticas similares? ¿Cuántos libros sobre ventas había leído que repetían una y otra vez los mismos conceptos? ¿Por qué, si el conocimiento sobre ventas parecía tan fácil y conocido, todavía se daban casos de elementos tan inútiles como la pareja de afuera?" Me estaba aburriendo como hongo y deseé que en esos momentos pudieran crearse planteamientos nuevos que aportaran herramientas más poderosas de ventas, unas que permitieran descubrir y desarrollar el talento innato de cada individuo. Que pudieran aplicarse según la naturaleza de cada quien. Algo que partiera de adentro hacia afuera, asumido con convicción, no adquirido por imposición. Al final de cuentas todos éramos vendedores potenciales y habíamos tenido que vender algo alguna vez en la vida; no estaba pensando necesariamente en productos, sino en ideas, requerimientos, necesidades, cualquier cosa que hubiera necesitado de tener que convencer a alguien de que hiciera algo por nosotros. Vamos... estaba seguro de que hasta de bebés lo habíamos hecho, aún antes de aprender a hablar, logrando lo que deseábamos ¡llorando sin cesar! Total, que me abstraje tanto que de pronto me di cuenta de que la conferencia se había terminado y que ya todos estaban abandonando el salón.

A la hora de la comida, la cafetería del lugar lucía atiborrada de gente haciendo cola con sus charolas de autoservicio en la mano. Después de ordenar algo ligero me dirigí a la zona de mesas y tuve suerte de encontrar una de las últimas disponibles. Mientras me sentaba pude ver a los vendedores, que después de pagar, empezaban a buscar mesas sin la misma fortuna que yo. Ella buscó dónde sentarse y cuando observaba todo el salón, repentinamente se cruzó con mi mirada que en esos momentos analizaba la firmeza de su cuerpo, producto seguramente de muchas horas en el gimnasio, y la brevedad de una falda que revelaba un par de piernas bien torneadas que en su momento no había podido apreciar. Me sentí descubierto y avergonzado. Mi contacto visual debió haber sido más largo de lo permitido socialmente y creo que demasiado obvio, pues me sonrió con un gesto de sorpresa tal, que no me quedó más remedio que corresponder a su sonrisa, hacer una leve inclinación de cabeza e indicarle con la mano que en mi mesa había lugares disponibles. Ella, al comprender que estaba solucionado su problema, le hizo señas a su compañero de que la siguiera y se dirigió gustosa hacia donde me hallaba sentado.

—Muchas gracias, espero que no sea mucha molestia, ¿podemos sentarnos con usted? —preguntó melosamente con la seguridad de que sería imposible que me negara—. ¿Viene usted solo?

—Sí —contesté tratando de distinguir si había algún significado oculto en el tono de la pregunta, al tiempo que ellos tomaban sus lugares en la mesa.

—Pues le agradecemos mucho que nos haya visto —añadió en tono de cansancio—; la verdad es que hemos pasado mucho tiempo parados a lo tonto y ni una venta ha caído, ¿verdad? —se dirigió a su colega vendedor.

—Sí, caray, no sé qué pasa, pero hoy no hemos tenido suerte. Tal vez sea porque es final de quincena y no hay dinero... Ni siquiera usted que estuvo más tiempo nos quiso comprar —añadió en un tono resignado y casi recriminatorio.

—No creo que sea una cuestión de suerte, yo sí quería comprar, pero ustedes no me quisieron vender —me defendí—. Más bien creo que se deba a otras circunstancias de las que ustedes no se han percatado. Cosas en su actitud que escapan a su atención pero que los clientes sí perciben e impiden que ustedes puedan despertar al menos un poco de interés en lo que ofrecen.

—No le entiendo —dijo él con indignación—. ¿A qué se refiere? Y, además... ¿Quién es usted para decirlo? Ni que fuera nuestro supervisor.

—Mire, no se moleste, no quiero que piense que soy agresivo. Es sólo que soy consultor en imagen pública...

—¿Y...? —me interrumpió el vendedor de manera francamente agresiva.

—Y eso quiere decir —agregué de inmediato—, que en mi trabajo tengo que observar mucho pues me dedico a crear la percepción en torno de personas o de empresas, aunque también podría hacerlo para una marca o un producto. Me explico mejor... imagen es percepción y la manera como algo o alguien es percibido se convierte en su imagen. Durante el descanso, cuando me acerqué a ver lo que vendían, ambos hicieron y dijeron cosas que cerraron la posibilidad de que yo quisiera comprarles, percibí de manera rápida e inconsciente factores que incluso me hicieron sentir mal, por eso no compré nada. Creo que eso que hicieron conmigo tal vez puedan haberlo hecho con otras personas que se hayan acercado a ustedes y debido a ello están perdiendo muchas ventas.

—¿Como qué cosas? —dijo el vendedor hablando con el bocado del sándwich entre los dientes—, llevo ya muchos años vendiendo y he asistido a muchos seminarios de capacitación de ventas, hice todo lo que está recomendado en ellos.

—Fueron muchas —contesté retirando mi vista de su boca—, y de seguro se las han enseñado, pero mientras no las practique corre el riesgo de que queden sólo en palabras; por ejemplo, su saludo: "¿Se le ofrece algo?", fue una invitación a comenzar nuestra conversación con una negativa y si usted hubiera presionado un poco más seguramente me habría retirado de inmediato. Usted debe saber que el contacto inicial es muy importante por lo que podría haber sido algo menos amedrentador... como: "Bienvenido a nuestro stand. ¿Puedo ayudarle en algo o prefiere usted dar un vistazo primero?" Además de esa manera no me daba a escoger entre contestarle sí o no sino entre ahora o después. Si no hubiera sido porque ella se dirigió a mí ofreciéndome su ayuda me habría ido —dije mientras volteaba a verla omitiendo deliberadamente la parte de "y si no hubiera sido tan atractiva".

—Yo sí lo atendí —intervino ella ufana.

—Bueno sí, la intención fue buena —intenté recordar—, pero cuando le pedí que me mostrara algo, en vez de hacerlo y esperar un poco a escuchar lo que le diría, se adelantó a decirme que el objeto era caro y complicado, ¿recuerda? ¿Le parece eso una buena invitación a conocerlo? Con su advertencia me insinuó que tal vez no podría operarlo y peor aún, comprarlo, como si careciera de recursos o de la inteligencia necesaria para poderlo manejar. Cuando le pedí que me lo explicara no sólo me reveló que no conocía el producto, sino que la empresa no le daba capacitación y que su jefe era un inútil, ¿se acuerda?

—No, yo no dije eso y, en todo caso, ésa no era mi intención.

—Pero su impensada respuesta lo sugirió, por eso les digo que hicieron y dijeron cosas equivocadas. Cuando le di la oportunidad de que me mostrara otro producto, ante el desconocimiento de lo que vendía, prefirió pasarle la pelota a su compañero y él desde lejos, sin siquiera levantarse de su silla, me dijo que cuando supiera lo que quería comprar le avisara. Lo que debería haber hecho era haberse parado, indagar mi necesidad y guiar mi proceso de compra. Dada su pobre actitud ante la posible venta, preferí retirarme.

—Pues qué quiere que hagamos, si nos contratan con tan poco tiempo de anticipación, sin darnos capacitación y sólo nos piden que atendamos el puesto de ventas, no que vendamos —se justificó ella hablando en plural.

—Puede ser, pero la responsabilidad personal de conocer su producto y la voluntad de servir no deben trasladarse —acoté.

—¿Les pagan comisión o sueldo fijo? —me dirigí al vendedor.

—Las dos cosas. Yo tengo la planta desde hace cinco años y ella es contratada por evento; sin embargo, llevamos algún tiempo vendiendo en pareja. Nos pagan un sueldo fijo y comisiones que varían por cuota de ventas, pero como las cosas están flojas, pues no ganamos mucho más.

—Los que están flojos son ustedes —dije sin pensar en la interpretación que darían a mis palabras—, y mientras no se decidan a prepararse y cambiar de actitud será muy difícil que puedan salir adelante.

—¡Qué! ¿A poco cree que me voy a quedar de vendedor? ¡Yo sí tengo estudios! —se defendió él—, si estoy en esto es porque no pude acabar mi carrera profesional; iba para abogado, pero por diversas razones no pude continuar, así que tuve que abandonar la escuela y ponerme a trabajar. Mi ilusión es tener mi propio negocio y en lo que puedo independizarme, pues aquí estoy.

—O sea que lo que hace actualmente lo ve como algo indigno y temporal. Las ventas también necesitan estudio, exigen capacitación constante pues los tiempos están cambiando vertiginosamente. Todos los días aparecen nuevos medios de comunicación que harán que las ventas cambien, y si no, a los hechos me remito: vean cuánta gente ya compra por Internet; por lo tanto, quien desee mantenerse vigente va a necesitar adquirir técnicas y conocimientos nuevos. Ser vendedor es una profesión de tiempo completo, no un pasatiempo mientras define quién quiere ser en la vida. Conozco mucha gente que se ha hecho rica vendiendo; hombres y mujeres dignos que ocupan un puesto importantísimo en las empresas pues sin él los ingresos no fluirían: el de vendedor. Personas respetables cuyas comisiones rebasan los cien mil pesos mensuales. Sé también de directores que lograron llegar al puesto más alto de su empresa empezando de vendedores y que no obstante su ascenso jamás dejaron de vender pues precisamente por eso, por saber vender, en este caso a ellos mismos, llegaron hasta la cima. Por otro lado, si se desea iniciar un negocio propio, nada mejor que empezar dedicándose a las ventas. Existen empresarios, que se consideran un ejemplo para los demás, que se iniciaron vendiendo para una empresa y que gracias a su habilidad se independizaron, siguieron vendiendo para sí mismos y con el tiempo lograron construir un gran negocio, todo por su capacidad para vender, por su habilidad para convencer a otros de que hicieran lo que ellos proponían. Las ventas son algo grande y exigen mucho. Creo sinceramente que su problema es más bien de actitud.

—Habla como si el dinero fuera lo más importante en la vida —intervino ella con desdén, lo que me hizo pensar que su desinterés por él se debía a que ella ya lo tenía...

—Mire, señorita, no es solamente una cuestión de dinero, déjeme ir aún más allá. Vender es una actividad constante, es una actitud de vida que permite obtener de los otros lo que uno se proponga. Vender es convencer. No se puede conseguir algo en la vida sin vender; cuando estamos pidiendo algo, estamos vendiendo; cuando deseamos que alguien haga algo por nosotros estamos vendiendo; cuando estamos luchando por ascender en una empresa, estamos vendiendo; de hecho considero que todos somos vendedores y que de alguna manera todos necesitamos vender y vendernos para avanzar en la vida.

—Perdóneme, pero yo no me vendo a nadie, ni que fuera...

—Pues voy a contradecirla, ya que el solo hecho de haberse vestido como se vistió, implica un intento de agradar a los demás, de atraer a otra persona, de querer mostrarse lo mejor posible intentando convencer a otros de que se le acerquen, de que vale la pena conocerla, de que la deseen. ¿O le gustaría pasar desapercibida? Sepa que la manera como viene vestida dice mucho de usted.

—Claro que no, a ninguna mujer le gustaría pasar desapercibida —dijo escudándose en su género—, pero dígame... ¿Le dice mi vestuario algo de mí? — preguntó variando la entonación mientras se colocaba coquetamente de lado para que pudiera verla mejor.

—Tantas cosas que sería necesaria una sesión solamente dedicada a ello —contesté mientras sacaba mi tarjeta de presentación de la carterita de piel que uso ex profeso para guardarlas—. Si alguna vez desean conocer el mundo de la imagen pública y la manera como sus herramientas podrían ayudar a ambos a ser mejores vendedores, llámenme.

Al levantarme de la mesa pude percibir un duro gesto de enojo en él y un extraño brillo en los ojos de ella. Sabía que había causado un gran impacto en ambos, pero ninguno se imaginaba las intensas experiencias que viviríamos juntos y que volverían a unirnos muy pronto.

CAPÍTULO DOS

El despido

*H*abían pasado tres meses de aquel encuentro. Ese día estaba en el salón de reuniones del edificio que albergaba la agencia de imagen pública que presidía. Todo mi equipo de consultores master —el título se debía a la obtención del grado oficial de maestros en Ingeniería en Imagen Pública— se ocupaba en resolver la crisis en que se hallaba inmerso un candidato político que había contratado nuestros servicios de consultoría para su campaña. A estas alturas del proceso electoral, la guerra sucia era implacable y el candidato de la oposición había descubierto elementos incriminatorios que ponían en duda la honestidad de nuestro cliente y no teníamos la menor duda de que iba a hacer todo lo posible por desprestigiarlo. Era un caso frecuente: a la mitad de una campaña política había aflorado información acerca de hechos que alguien había protagonizado en el pasado, acciones realizadas entonces como buenas que hoy parecían malas y que al no haberse previsto desde el inicio de la campaña por falta de mención del interesado, ahora se convertían en un gran problema de percepción en torno al protagonista de la historia. ¿Cuántas veces en los últimos años habíamos enfrentado la misma situación?

En eso estaba cuando se acercó discretamente mi directora de relaciones públicas para pasarme una tarjetita en la que me preguntaba si podía tomar una llamada telefónica. Decía que se trataba de una mujer que quería hablar conmigo de manera urgente, que estaba llorando mucho y que ni tiempo había dado para interrogarla, menos entre tantos sollozos. Pensando que podría tratarse de nuestra clienta, la diva, quien seguramente y por enésima ocasión habría cortado con su novio el productor y que tal vez me estaría buscando para preguntarme qué decirle a la nube de reporteros de espectáculos que estaban pertrechados afuera de su casa, decidí tomar la llamada en mi privado.

Para mi sorpresa no escuché la voz rasposa de mi artista favorita, sino una vocecita débil que entre suspiros trataba de identificarse sin conseguirlo. Le dije que no sabía quién era y le pedí que se tranquilizara, que respirara hondo y que procediera a decirme lo más claro posible qué era lo que quería. Cuando por fin logró articular unas cuantas palabras seguidas, me soltó en tono indignado que era la vendedora que había conocido en la expo de hace tres meses. ¡Actuaba como si se tratara de una gran amiga a quien debería haber reconocido de inmediato! Al notar mi tono indiferente, suavizó el suyo. Me explicó que había pensado mucho en mí y en todo lo que le había dicho cuando nos conocimos en aquella comida, así que había guardado mi tarjeta y ahora decidía hablarme. Obviada la introducción pasó a darme la alarmante noticia que la tenía en un mar de llanto: la habían despedido de su empleo, a ella y a su pareja de ventas, por lo que ambos habían acordado hablarme en busca de ayuda.

—¿Aceptaría recibirme? —me preguntó sin más en un tono tan suplicante y angustiado que no me quedó más remedio que acceder, debo confesar que con gusto, y despedirme para después transferirla con mi directora encargada de la agenda para que hiciera cita. Fue así que la joven vendedora vino a verme por primera vez, la primera de las muchas que nos veríamos; por supuesto acudió acompañada de aquel "experimentado" vendedor.

CAPÍTULO TRES

La consulta

*U*na semana después ahí estaba ella esperando sentada en nuestro salón de recepciones. Lucía espléndida, recién bronceada y su piel tostada contrastaba con la piel clara del sofá, se veía y posaba como si en vez de tratarse de una pobre desempleada fuera una mujer de mundo que venía a hablar con su abogado acerca de su próximo divorcio. En el sillón lateral se había instalado su amigo el vendedor, quien vestía el mismo traje gris de la primera ocasión, pero esta vez no llevaba corbata sino una camisa *botton down* de color azul claro, calzaba mocasines baratos de color negro y usaba un anillo de sello en el dedo meñique. Llegaron tarde y a todas luces no estaban trabajando, pues parecían una pareja que se hallaba de vacaciones.

—¡Qué bueno que vinieron, me da gusto verlos nuevamente! —saludé como si ya fuéramos grandes conocidos, pero viendo discretamente mi reloj.

—Al contrario, gracias por recibirnos —se adelantó ella extendiendo la punta de la mano sin ponerse de pie, al estilo de las mujeres nobles del siglo antepasado, creyendo erróneamente que su condición de mujer podría eximirle de la cortesía profesional que obliga a levantarse del asiento, sobre todo cuando te están concediendo el favor de recibirte, actitud que soslayé ante la estupenda vista que ofrecía—. Perdón por la tardanza, pero es que el tránsito estaba imposible, sabemos que es usted un hombre muy ocupado... —agregó entornando los ojos.

—Un poco sí, pero la escuché tan mal el otro día que me preocupé por su situación. Sin embargo, y por lo que se ve, no la ha pasado nada mal, ¿o sí? —dije a propósito en tono sarcástico.

—Pues sí, pero como por ahora no estoy trabajando, aproveché para irme una semanita de vacaciones a la casa de fin de semana de mis papás. La verdad la pasé riquísimo, me encanta la playa y el sol.

—Se nota, trae un bronceado increíble que hace resaltar aún más el color de sus ojos —le dije fijando mi mirada en ellos y considerando inútil advertirle de los estragos que causaba el sol en la piel. Me hubiera gustado contarle de las decenas de amigas, quince años mayores que ella, que habían abusado del sol en su juventud y que ahora ya no podían asolearse. Todas ellas tenían tal exceso de arrugas que tenían que recurrir a muchas cremas caras, si no es que al bótox y la cirugía plástica. Ya sería en otra ocasión, así que mejor continué—. Ya veo que mucha necesidad de trabajar no tiene… Y usted… —me dirigí a él girando mi cuerpo un poco, sin ocultar mi intención doblemente sarcástica al apreciar su mediocre palidez—… ¿No fue?

—No, no fui requerido, así que mejor aproveché para considerar regresar a la universidad y revisar los planes de estudio de algunas carreras nuevas como robótica, oceanografía o administración de empresas familiares. Ya ve que las carreras tradicionales están saturadas y no hay suficiente trabajo para todos los egresados. Luego terminan de vendedores.

Nuevamente se refería a la profesión de las ventas de manera despectiva, y ahora que lo pienso, más bien sonaba resentido "¿Qué tendría en contra de los vendedores? A su edad ya debería estar buscando un doctorado", pensé indignado.

—Bueno, cuéntenme qué los trae por aquí.

Ambos se miraron intimidados, como si ninguno se atreviera a tomar la palabra. Desconcertados, no sabían qué hacer y dudaban en tomar la iniciativa. Nuevamente su actitud ponía en evidencia sus pobres habilidades, ya no digamos para vender… ¡Ni siquiera para hablar! Me di cuenta de que no venían preparados. Cualquier individuo con cierta capacitación primero habría dicho algo introductorio que llamara mi atención, después habría explicado brevemente sus antecedentes y expuesto su problema de manera sucinta. Entonces lo correcto habría sido preguntar mi parecer y haber escuchado con atención mi respuesta, ante la cual habría ajustado sus argumentos y terminado con una petición susceptible de ser concedida. Era un hecho que ninguno de los dos era capaz de hacer una buena presentación. No me extrañaba que los hubieran despedido. Un hombre inseguro que, no obstante sus carencias de conocimiento y voluntad, fanfarroneaba de su experiencia y capacidad, y una joven rica y bella que tomaba el trabajo como terapia ocupacional. Menudo par. ¿Cómo se habían atrevido a intentar vender?

Por fin ella se animó a tomar la palabra a lo que él accedió por conveniencia, pues debe haber considerado que tenía más posibilidades de ser atendida.

—Ambos hemos platicado acerca de lo que nos sucedió. Ser despedido de un empleo es una vivencia muy humillante porque implica ser exhibido en nuestra incapacidad y tal vez algo debimos hacer mal pues no generábamos las ventas que se nos exigían. Sin embargo, no estamos de acuerdo en que haya sido tan malo como para despedirnos. Lo único que necesitábamos era capacitación.

—No lo dudo… Y, ¿qué puedo hacer yo por ustedes? —hice una pequeña pausa para pensar—. Trabajo no puedo ofrecerles pues para ser consultores en imagen pública tendrían que haber estudiado la licenciatura o la maestría en la materia. Por otro lado, en estos momentos…

—No, no, no; por favor, no nos malinterprete —me interrumpió ella haciendo un ademán negativo—, estamos aquí porque queremos descubrir qué fue lo que hicimos mal, cuáles son las causas por las que no podíamos vender tanto como queríamos. Ambos necesitamos trabajar por diferentes razones, pero creemos que, antes de volver a buscar empleo, debemos reconocer nuestros errores para después no volver a cometerlos.

—Lo que pasa es que no sabemos por dónde empezar —se animó a decir el vendedor desempleado—, creímos que usted podría ayudarnos pues el día que nos conocimos nos analizó y nos dio su opinión con mucha franqueza, que aunque dolorosa, puso en evidencia nuestra incapacidad. Debo reconocer que en ese momento me cayó muy mal, pero después del humillante despido que viví, sus palabras empezaron a resonar en mi conciencia con gran fuerza.

—Quiero crecer, adquirir conocimiento nuevo —continuó la joven—, puedo parecer frívola o tonta, pero créame que no lo soy… y mucho menos una *loser* —su acento fue perfecto, como si dominara el idioma inglés—. ¿Nos ayudará?

Debo reconocer que me sorprendieron y de momento no supe qué contestar. Las apariencias me engañaban y me sugerían que desconfiara. En los terrenos de la imagen pública las cosas son lo que parecen ser y ella parecía una mujer boba, rica, vacía… y sí… medio frívola. Me había dado la impresión de que estaba más preocupada por atrapar marido que en adquirir conocimiento y crecer. Por otro lado, él parecía el ejemplo perfecto de un perdedor. Un *loser*. Alguien que creía que por tener más edad ya lo sabía todo y peor aún, alardeaba de ello; pero que al sentirse presionado y tener que dar resultados, al verse obligado a demostrar con hechos el conocimiento que decía tener, fracasaba y enseñaba su real valía. Además, no se daba cuenta de que estaba atrapado en la mediocridad de su comportamiento y se le estaban yendo los mejores años de su vida.

No sabía qué hacer. Ahí estaban ambos, ella con su vestidito rojo entallado, sus sandalias de diseñador y su perfecto pedicure; él, con una cara de perro extraviado vestido de gris, a sus casi cuarenta dejándose llevar por una joven diez años menor, pero consciente de que el rumbo hacia donde ella lo llevaba no podría estar peor del que él tomaría; ambos reconocían que algo en ellos estaba mal, aunque no supieran qué, aunque no supieran cómo resolverlo, pero buscaban ayuda. Para ello se necesitaba una gran humildad, mucha visión y gran valentía. No pude menos que admirarlos. Sin embargo, éste no era un caso de consultoría en imagen pública; se trataba de una petición de ayuda personal. Mi sensibilidad me decía que no debería cobrar aunque seguramente iba a requerir una gran inversión de tiempo y esfuerzo personal. Por otro lado, significaba una buena oportunidad para desarrollar un nuevo campo creativo: el de la Ingeniería en Imagen Pública aplicada a las ventas. ¿Acaso no me quejaba de la falta de innovación en ese terreno? El caso me permitiría adquirir el conocimiento y la experiencia necesarios para crear conceptos y productos nuevos. Finalmente, mi conciencia me reclamaba volver a hacer algún trabajo *pro bono* y la vida me había puesto a estas dos personas en mi camino. Lo tenía claro... había decidido ayudarlos.

CAPÍTULO CUATRO

Los antecedentes

Nos pusimos de acuerdo para vernos una semana después. La siguiente cita quise hacerla en un ambiente más amable, lejos de la oficina. Deseaba crear una atmósfera que favoreciera el relajamiento pues quería indagar un poco más acerca de la vida personal de ambos. Llegaron juntos, de nuevo tarde, pero esta vez el vendedor insinuó que no había sido su culpa. Tal como lo supuse, la entrevista transcurrió tranquilamente dentro de un ambiente de gran confianza. Fue así que al paso de las horas de cordial plática me enteré que él provenía de una familia de clase media, que se había educado en colegios particulares y que había querido ser abogado, no tanto por vocación sino por insistencia de su papá, quien no había podido estudiar una carrera ya que desde muy joven había tenido que trabajar como vendedor para sostener a su esposa y tres hijos. "¿Su papá vendedor?" Inmediatamente me saltó. "¿Y él tenía tan pobre opinión de la labor paterna?" El cuestionamiento era muy fuerte así que, con el mayor de los tientos, le pregunté:

—¿Cómo es posible que siendo su padre vendedor usted considere que se trata de una profesión de lo más bajo en la escala social? —noté que la pregunta lo había tomado por sorpresa. Hizo una larga pausa y contestó:

—Fue vendedor, él ya murió —suspiró e hizo otra pausa más breve—, el porqué de mi opinión nunca me lo he preguntado, hasta ahora que usted me lo hace, pero creo que se trata de una combinación de varios factores —asumió una actitud pensativa, se acarició la barbilla y dirigiendo la mirada al cielo continuó—. Mi papá siempre se quejó acerca de lo que tenía que soportar en la empresa donde trabajaba. Por lo que yo alcanzaba a oír a hurtadillas desde la recámara cuando él se lamentaba con mi mamá, me iba dando cuenta de que él era parte de un grupo de vendedores que siempre estaba envuelto en problemas, nunca alcanzaba su cuota de ventas y a menudo sufría despidos por actos deshonestos. Platicaba que sus compañeros de ventas solían ofrecer a los posibles compradores más de lo que podían cumplir con tal de cerrar un pedido, que se financiaban con los anticipos de los clientes, falseaban la información para el departamento de crédito y otras deshonestidades más que por supuesto generaban muchas quejas y grandes devoluciones de mercancía. Esto significaba disminuciones en las utilidades de la empresa, en los logros de las cuotas del grupo de ventas y en castigos monetarios para sus miembros; total, un verdadero desastre. Crecí pensando que la mentira, la manipulación, la irresponsabilidad y el engaño eran las prácticas comunes del comportamiento de un vendedor. Por si fuera poco, a la hora de cobrar sus escasas comisiones todos ellos eran los primeros en irse de juerga hasta que amaneciera, sin importarles que el resto de la quincena sus familias no tuvieran qué comer. Por supuesto que por esas circunstancias irresponsables el ausentismo al día siguiente era altísimo, por lo que mi papá tenía que duplicar su turno de guardias. Por ello, muchas veces incumplía con sus compromisos familiares. Cuando de niño escuchaba todo eso, me daba mucho miedo que mi papá fuera a convertirse en uno de esos pillos y que un mal día lo despidieran o peor aún, lo metieran a la cárcel y quedáramos en la pobreza. Está claro que desde entonces mi mente asocia a los vendedores con una pandilla de delincuentes. Por otro lado, la educación que nos dio mi madre siempre fue muy estricta y cuando hacíamos algo mal, solía reprendernos diciéndonos que nunca lograríamos ser alguien en la vida, que acabaríamos siendo unos vendedores mentirosos y borrachos. Cuando mi padre falleció, sentí que se nos acababa el mundo. Mi mamá tuvo que empezar a trabajar para mantener a sus tres hijos. Cuando crecí y me llegó el momento de estudiar en la universidad pública, me propuse lograr una carrera profesional, tal como mi padre hubiera querido. Tiempo después mi mamá enfermó de gravedad y luego de una larga agonía también murió —hizo otra pausa haciendo un gesto que revelaba el dolor del recuerdo, cuando se repuso continuó—. Tuve que buscar un empleo por las noches y así ayudar a la manutención de la casa. Pronto mi rendimiento escolar empezó a bajar y tuve que decidir entre seguir con mi carrera o mantener a mis hermanos chicos. Me decidí por el trabajo. Toda esta situación me llevó a permanecer soltero y lo demás es historia... Ya se imaginará lo que fue para mí no poder continuar con mis estudios y tener que dejar la universidad para acabar siendo vendedor. La verdad, me siento muy frustrado —guardó silencio y vi que sus ojos empezaban a arrasarse de lágrimas por lo que preferí dejarlo descansar.

Tocó el turno de conocer los antecedentes de ella, así que después de permitirle reconfortar un poco a su compañero, se acomodó en el estupendo sillón, encendió un cigarrillo, cruzó la pierna perfectamente humectada y empezó su historia:

Su vida había sido bastante diferente de la de su compañero. Hija única de un matrimonio sólido, cuya base era un padre que había tenido la suerte de heredar una enorme fortuna proveniente del negocio familiar iniciado por su abuelo y una madre entregada a la familia. Su infancia y adolescencia fueron periodos felices que transcurrieron dentro de condiciones que podríamos considerar estables. Cuando ella cumplió dieciocho años de edad sus papás la enviaron a estudiar al extranjero y durante los casi cinco años que estuvo allá había hecho de todo menos estudiar. Por su manera de ser abierta, su evidente belleza física y sobre todo por las increíbles fiestas que organizaba, pronto se volvió muy popular en la comunidad estudiantil. Se emborrachaba cada semana, tuvo varias parejas sentimentales y llegó a probar drogas. Cuando sus papás se enteraron de la vida licenciosa que llevaba, en cuanto terminó sus estudios decidieron traerla de regreso a su casa. Ellos se dieron cuenta de que ella ya no encajaba en el modelo de convivencia familiar que solían tener. Pronto empezaron los problemas, y especialmente la relación con su papá empezó a volverse muy tirante aunque con su mamá siempre conservó la cercanía. Era lógico, a él no le gustaba que su única hija no pudiera adaptarse a los clichés de la vida familiar tradicional y ella se sentía muy reprimida, controlada por sus reglas, atrapada en la casa paterna; extrañaba mucho su libertad, la ausencia de prejuicios de los países avanzados y para colmo, empezaba a disfrutar del hecho de que los hombres la consideraran una mujer muy atractiva. Poco a poco fue cambiando su forma de vestir por una más atrevida, y como le gustaba revelar las formas de su cuerpo se hizo fanática del ejercicio, que desde entonces practicaba a diario. Su papá insistía en que trabajara en la empresa de la familia, cosa que en un principio intentó con resultados funestos que sólo consiguieron empeorar su relación con él. La situación se volvió insoportable hasta que un día decidió abandonar su casa tras una violenta discusión familiar. Dejó de ver a sus papás y durante un largo tiempo anduvo dando tumbos viviendo aquí y allá, muchas veces arrimada con alguna amiga que pronto se cansaba de ella y de su poca disposición para generar ingresos. La pasó bastante mal, sola y sin dinero, manteniéndose de lo poco que podía ganar en empleos eventuales que no le requerían más esfuerzo que su presencia y sonreír.

Hasta aquí la historia planteaba un caso de alguien con buenas bases educativas que cayó en la desadaptación, rebeldía y aparente renuncia a la tutela familiar. Digo aparente porque su relato no coincidía con su espléndida apariencia física, la calidad de su vestuario y su actitud sobrada; además, había pasado una semana en la casa de playa de sus papás, por lo que su actual relación con ellos no debería de estar tan mal. Su condición de desempleada, sumada a la mencionada independencia familiar, no era coherente con su estilo de vida. Estaba obligado a indagar un poco más, así que le pregunté:

—Y ese alejamiento de tus padres, ¿cuánto duró?

—Tanto como duró mi orgullo —contestó resignada—, ése fue el sentimiento que me mantuvo casi dos años en un ostracismo total hasta que mi mamá tomó la iniciativa de reunirse conmigo, lo que suavizó un poco las cosas. Entre mujeres nos entendimos mejor. Me dijo que me extrañaba mucho, así que quiso actuar de intermediaria con mi papá para favorecer un acercamiento, y funcionó, pues me hizo saber que él también quería verme y que su corazón no soportaba más la lejanía. De esta manera, pronto estábamos los tres sentados alrededor de una mesa de restorán tratando de solucionar las cosas. Lloramos mucho y comprendí que no valía la pena la lejanía cuando había tenido la suerte de contar con unos padres así, me sentí comprendida en las razones que esgrimí para haberme ido de mi casa, así que decidimos buscar un mejor futuro y hacer un trato.

El acuerdo en un principio fue bastante sencillo: mi papá me ayudaría a independizarme, contaría con una ayuda económica mensual que cubriría la mitad de mis gastos hasta que pudiera mantenerme por mí misma y yo tendría que buscar un sitio modesto para vivir, bueno… digamos que no tan sofisticado como la enorme casa en la que vivía antes. Debía pagar la renta y sostener mis gastos fijos. Adicionalmente me ayudarían con el enganche de un coche compacto nuevo, ya que el anterior, un deportivo descapotable, lo habían vendido en un arranque de ira, pero yo me haría cargo de pagar las mensualidades. Me pareció un buen arreglo y un generoso empujón, por un lado renunciaba a ciertos privilegios pero por el otro ganaba mi libertad, aunque significara adquirir obligaciones y responsabilidades. Si quería más, tendría que ganármelo.

—¿Y se lo ha ganado?

—No voy tan mal. Me ayudó mucho el hecho de que pude salir con mis cosas, mi ropa y algunos muebles, pero por ahora no gano tanto como para comprarme lo que yo quisiera. Ya me estoy dando cuenta de que conseguir un buen empleo con visión de largo plazo va a ser más difícil de lo que pensé.

—¿Ya se dio cuenta de que lo que hizo con sus papás fue una magnífica venta de su vida? —le disparé sin miramientos.

—¿Cómo que una venta, y cómo de mi vida? —contestó confundida, tanto que descruzó la pierna y se inclinó ligeramente hacia delante.

—Sí… Usted se vendió a sí misma. Por favor, entienda mi ejemplo y aplique mis palabras en su buen sentido. Fíjese: enfrentó sin miedo a sus papás, digamos que lo que hizo fue conseguir, mediante una buena recomendación, una cita con su posible comprador, su papá. Cuando estuvo frente a él, fue honesta y se mostró a sí misma con sus fortalezas y debilidades; reveló sus sentimientos, defendió su posición, pero sin presionar demasiado u ofender al otro; es como si hubiera mostrado su producto al comprador explicando con pasión lo que podía y no podía hacer —para este momento el vendedor, que había estado abstraído, ya se encontraba inmerso en mi explicación, encendió un cigarrillo y viéndolo más repuesto continué—. Una vez que terminó su presentación, supo callar para escuchar atentamente las necesidades de la otra parte y cuando estuvo segura de haberlas entendido, logró convencerla de que usted era un buen producto que podía satisfacer sus necesidades. Vino entonces la negociación de lo que ambos darían y obtendrían, fijaron las condiciones de forma y plazo de cumplimiento y llegaron a un acuerdo. Usted cerró así la venta de su vida —concluí satisfecho del impacto que mi argumento había causado en ambos.

—Nunca lo habría visto de ese modo —dijo ella—. Sus argumentos me hacen sentir como si estuviera cosificando algo que incumbe muchos de mis sentimientos hacia los seres que más quiero, pero trato de entenderle. Me va a tomar un poco de tiempo digerirlo, pero le prometo que haré mi mejor esfuerzo.

—Bien, sólo me falta hacer algunas preguntas a ambos: después de conocer sus historias, ¿qué quieren lograr? ¿Hacia dónde van? —hice una pausa dramática—. ¿Qué esperan de mí?

Ambos se miraron y casi no tardaron en responder quitándose la palabra:

—Que nos ayude —dijo él.

—Que nos enseñe todo lo que debamos saber. Quiero demostrar a mis padres que puedo valerme por mí misma, que no soy una rica inútil, que puedo emprender algo que me dé todo lo que necesito sin tener que pedirlo a mi papi —aseguró ella.

—Que nos saque del atorón que estamos viviendo. Yo quiero

ser un vendedor exitoso. Quiero ser todo lo que hasta ahora no he podido, revindicar la profesión de vendedor y tener todo lo que a mi padre le habría gustado darme —reforzó él con nostalgia.

—Incluso, si fuera necesario… podríamos pagarle la capacitación —sugirió ella silabando lentamente, esbozando una media sonrisa, haciendo uso de su principal arma de convencimiento: su irresistible coquetería.

Aprovechando el giro que ese comentario había dado a su petición, intervine:

—No se trata de tomar esto como un trabajo sino como una misión de vida. Me preocupa que ustedes tengan una expectativa tan alta y que me vean como un todólogo. Debemos estar conscientes de que el conocimiento requerido deberá brotar de diferentes fuentes y que juntos tendremos que abrevarlas. Déjenme pensarlo y pronto les haré saber qué haremos —concluí sonriendo y poniéndome de pie, comunicándoles de manera no verbal que la reunión había concluido.

El resto de nuestra cita se fue en asuntos menores, los invité a comer y a media tarde me retiré a mi estudio. Estaba pensativo y muy agotado. Tenía frente a mí un reto enorme pero también muchas ganas de ayudar. ¿Cómo enfocaría sus casos? Tenían diferentes antecedentes, pero coincidían en la misma búsqueda. ¿Cómo podría ayudarlos?

Pasaron varios días en los que me mantuve ocupado en seminarios y asuntos de la agencia lo que sirvió para mantenerme distraído; sin embargo, el caso de los vendedores no se alejaba de mi mente ni un momento. Estaban viviendo un periodo de oscuridad y me habían buscado esperando encontrar la guía que los sacara de ella. Los movía la intención de ser mejores, y no me atrevía a desilusionarlos, pero me asaltaba el temor de defraudarlos. Era mucho el conocimiento de diferentes áreas el que debía combinarse para brindárselo hilado, con coherencia. El correspondiente a las ventas estaba muy sobado, había cientos de libros escritos sobre el tema, muchos de ellos repetitivos, sin embargo siempre había considerado que debían tomarse en cuenta pero complementados con otros conocimientos que debían incluirse en el acto de vender: el saber que estaba relacionado con la psicología, la filosofía, la semiótica, la comunicación y la mercadotecnia. También las cuestiones de carácter místico, de estrategias de guerra y del área de mi especialidad, la de la imagen pública, que afortunadamente también se relacionaba con todas esas ciencias. Era un gran coctel inexplorado. Mi sensibilidad percibía la existencia de una puntada sutil que podía hilvanar con firmeza el área de las ventas con las de la imagen pública y el desarrollo personal, una nueva senda para muchos vendedores que se construiría con muchos ladrillos. Eso era justo lo que buscaba y lo que ellos necesitaban, pero no podía distinguirla con claridad. ¿Por dónde empezar? ¿Cómo ligar todo? ¿Cómo caminarla con sencillez y claridad? Era un caso de ayuda muy difícil en el que el riesgo de fracasar era mayúsculo.

Definitivamente tendría que consultarlo, pero... ¿Con quién?

Dos días después de pronto me asaltó la necesidad de acudir a uno de mis consejeros favoritos... alguien a quien no veía hace tiempo, en quien confiaba desde hacía muchos años y que bien podría guiarme. Acudir a él en estos momentos implicaba el riesgo de agregar algo de confusión al asunto, justo en el inicio del camino, pero mi necesidad de saber y el deseo de aportar era mucho mayor; así que pensé que no debería importarme en esos momentos lo que los vendedores pudieran opinar al respecto. Además creí oportuno involucrarlos en la consulta. No les diría de qué se trataba, simplemente les informaría que iríamos a ver a alguien que podría aconsejarnos. Sería una buena oportunidad de poner a prueba su sensibilidad y confianza.

Mi decisión estaba tomada... pediría audiencia para tres con El Oráculo.

CAPÍTULO CINCO

El Oráculo

L a cita fue en la madrugada, viajaríamos en automóvil durante un par de horas hasta la pequeña población en la que
El Oráculo vivía, debíamos llegar con el crepúsculo, antes
de que saliera el sol y aprovechar su aparición para hacer la consulta. Ése era el momento mágico en el que se hacía la luz, en el
que la iluminación regresaba al hombre, así que les advertí que si
no eran puntuales partiría sin ellos y recalqué que hablaba en
serio. Por fortuna esta vez lo fueron, llegaron a tiempo aunque con
cara de desvelados y después de un café caliente nos embarcamos
rumbo a lo que sería una experiencia única.

Al partir les revelé el verdadero objetivo de nuestro viaje
y ante su cara de desconocimiento aproveché el trayecto para
ir explicándoles qué era exactamente lo que íbamos a hacer. Les
informé que un oráculo era un ser estudioso dotado de una capacidad especial para proyectar situaciones en el tiempo y que la
persona que íbamos a consultar era uno de los más secretos y
preparados que existían. Podíamos considerar esta oportunidad
como un privilegio, pues sólo recibía a quien podía creer que la
sincronía mental entre el hombre y el cosmos era posible más allá
del plano temporal, y a quien podía concebir que la mente era
capaz de crear o cambiar cualquier cosa. El Oráculo vivía en soledad desde hacía mucho tiempo, pero no obstante su condición de
vida ascética, siempre estaba en contacto con la gente que solía
consultarlo y jamás perdía la amabilidad o el buen humor. Nadie

sabía a ciencia cierta su edad. Su apariencia era la de un hombre maduro pero de ninguna manera viejo, aunque se rumoraba que había rebasado los ochenta años. Llevaba décadas enteras dedicado al estudio de una técnica oriental oracular que había servido de guía conductual a soberanos, nobles y guerreros desde tiempos ancestrales. La técnica estaba basada en un libro de sabiduría que originalmente no contenía palabras, sólo signos idiomáticos con significados infinitos que debían interpretarse. Gracias a su total abstracción, en él había una síntesis enciclopédica de la realidad desde los más diversos ángulos: podía interpretarse como una cosmogonía, como un sistema de lógica o de álgebra y, en última instancia, como una representación de la trama evidente o secreta del hombre sobre la tierra. A través de los tiempos se le fueron añadiendo palabras a los signos del libro. Esto lo hicieron cuatro grandes sabios, quienes lo convirtieron en un texto filosófico bellamente poético y, como este texto verbal era también una amalgama de sabiduría infinita con principios morales, podía considerarse como un tratado de ética.

—O sea que escucharlo jamás les hará daño —especifiqué.

—¿Y aunque no nos conozca, podremos preguntarle? —intervino de inmediato la vendedora.

—Bueno, ayuda un poco que vengan conmigo; sin embargo, el Libro de Sabiduría puede ser consultado por cualquiera, pero no cualquiera puede interpretarlo, se necesitan muchísimos años de estudio.

—¿Y cómo se consulta? —preguntó el vendedor.

—Para consultarlo hay que hacer una pregunta. Tomen en cuenta que de la inteligencia de la pregunta se desprenderá la comprensión de la respuesta, así que vayan pensando qué pregunta harán que tenga que ver con la situación de vida que están enfrentando; con el futuro que tanto les preocupa. Una vez hecha la pregunta, que podrán expresar o simplemente pensar, El Oráculo realizará un método de consulta que irá construyendo seis trazos. Éstos arrojarán una de las sesenta y cuatro situaciones que el libro plantea, después dará lectura al texto verbal y, finalmente, ampliará su interpretación. Al final daremos las gracias, haremos una ofrenda y nos retiraremos en silencio.

—O sea que vamos a ver a un adivino, a que nos tiren las cartas o que nos hagan una limpia —agregó él con tono burlón.

—Lo que El Oráculo hace no puede compararse con la supuesta adivinanza del futuro practicada por charlatanes. Lo que él hace es mucho más profundo —corté con firmeza la burla y enfaticé—. No se trata de saber si te vas a enamorar o si vas a encontrar pronto un trabajo, sino de predecir la mejor forma de actuar frente a una situación consultada. La palabra que escucharemos será un apoyo adicional a nuestra toma de decisiones, a la conducta que decidamos seguir.

Gracias a la plática, el trayecto se hizo más corto y justo cuando aparecía el crepúsculo nos encontramos frente a la vivienda que ocupaba El Oráculo.

Era una casa pequeña de estilo rústico que reflejaba una modesta condición de vida. Nos abrió la puerta una mujer madura, delgada y muy erguida, de pelo entrecano, ataviada con una túnica blanca inmaculada. Su mirada transmitía una paz que compaginaba perfectamente con el olor a incienso, la oscuridad parcial y el silencio que reinaban en el interior. La mujer nos indicó que esperáramos en una pequeña sala de recepción donde nos ofreció un té caliente, seguramente una mezcla de especias exóticas pues sabía diferente y olía exquisito. Nos sentamos en silencio, observando todo; el té verdaderamente nos confortó y pudimos relajarnos. A lo lejos se percibía el sonido tranquilizador de una fuente de agua que corría cantarina.

—Pueden pasar, el maestro los va a recibir ahora mismo —nos invitó la señora haciendo un ademán de pasar por otra puerta que daba a un salón contiguo.

El salón estaba vacío excepto por tres cojines iguales depositados en el suelo. Uno un poco más grande colocado enfrente de todo, detrás de un lienzo de lino blanco recién planchado y un atril dorado que sostenía un libro cerrado. Sobre el lienzo había un manojo de tallos de milenrama, una hierba usada como tónico y astringente. Sin habernos puesto de acuerdo permanecimos de pie en silencio. Al fondo había un ventanal que permitía ver las montañas circundantes. Amanecía y la atmósfera estaba llena del canto matutino de los pájaros, de belleza y de paz.

De pronto, en silencio, como deslizándose y sin sentirse, apareció El Oráculo. Tenía tiempo de no verlo, pero se mantenía exactamente igual que la última vez que había estado en consulta con él. Delgado pero fuerte y flexible gracias a la práctica de la yoga; con la barba algo más larga y el cabello suelto. Sus pequeños ojos oscuros tenían el poder de penetrar lo que observaban.

Nos saludó con discreción, nos indicó dónde sentarnos y él se acomodó en flor de loto en el cojín diferente. Entonces, después de respirar profundamente tres veces, habló sin rodeos:

—Bienvenidos. Díganme… ¿Han pensado ya lo que quieren preguntar? —su voz era pausada, suave y profunda.

—Sí, maestro —contesté de manera discreta.

—Bien, concéntrense entonces en lo que desean saber mientras realizo la consulta —agregó mientras tomaba el manojo de tallos y empezaba a manipularlos. Mientras, los tres cerramos los ojos para pensar en nuestra pregunta.

Poco a poco El Oráculo fue haciendo diferentes montones con las varas de milenrama, que cambiaba de lugar mientras asentía ligeramente con la cabeza. Repitió la operación seis veces hasta que construyó poco a poco un signo de seis trazos; por fin se detuvo, lo miró, se concentró, respiró profundamente y después habló:

—Su pregunta la responde Hsü, el hexagrama de La Alimentación, del Tiempo de La Espera. Hsü está formado por el agua en la parte superior y por el cielo en la inferior. Tenemos entonces la imagen del agua en el cielo, lo que nos remite inmediatamente a las nubes que contienen a la lluvia que está por caer. Cuando la lluvia caiga alimentará a la tierra, la hará fértil y todo florecerá; El Hombre entonces podrá estar feliz pues sabe que con el alimento podrá sobrevivir. Sin embargo —hizo una pausa—… Todavía no llueve. Esta lluvia llegará a su hora, cuando la tierra esté lista, por lo que deberán ser pacientes.

Hizo una pausa, respiró profundamente y dirigiéndose al libro leyó textualmente:

La Alimentación.

Si eres veraz tendrás luz y éxito.
La perseverancia trae ventura.
Es propicio atravesar las grandes aguas.

Y mirándonos interpretó:

—Lo que hayan preguntado implica la realización de un gran esfuerzo que tal vez no quieran enfrentar, por lo que el libro les dice que sean perseverantes; sin embargo, el signo alberga la certidumbre interior de que alcanzarán su meta. La debilidad y la impaciencia no lograrán nada. Cuando uno es capaz de mirar las cosas de frente y reconocerlas como son, sin ninguna clase de autoengaño ni ilusión, irá desarrollándose a partir de los acontecimientos la claridad que permite reconocer el camino hacia el éxito. También dice que el tiempo de emprender lo que han pensado es propicio y que para que tengan éxito será necesario proceder con la verdad. Deben ir al encuentro de su destino, podrán dominarlo y atravesar las grandes aguas, vale decir tomar una decisión y vencer el peligro de quedarse como están —abrió los ojos, repitió la misma pausa, respiró y volvió a leer:

En el cielo se elevan las nubes,
la imagen de La Espera.
Así come y bebe el noble
y permanece sereno y de buen humor.

Entonces interpretó:

—Esto quiere decir que no deberán hacer otra cosa más que esperar, dejarse llevar por la secuencia de los acontecimientos que vendrán, ser receptivos a la alimentación que está por llegarles. Alégrense y pónganse de buen humor. Finalmente, el libro dice:

La Espera en la sangre
¡Fuera del agujero!
Uno cae en el agujero.
Arriban entonces tres huéspedes no convidados.
Hónralos y al fin llegará la ventura.

Y a continuación hizo su interpretación final:

—Queridos amigos, están en un agujero y tienen que salir de él. La ayuda llegará desde afuera por medio de tres personajes que aparecerán de improviso y les ayudarán a complementar las herramientas necesarias para que se produzca el cambio que están buscando.

El Oráculo calló. Respiró profundamente tres veces, nos penetró con su mirada y, sonriendo, añadió:

—Eso es todo. Tal es Hsü. El tiempo de la Alimentación. La Espera. El que tenga oídos que escuche. El Maestro sólo habla cuando los oídos están abiertos.

El Oráculo salió del salón como flotando, pero nosotros permanecimos todavía un rato más en estado de pasmo. Cuando por fin nos recuperamos, salimos de ahí conmocionados. Nos subimos al coche y debieron pasar muchos minutos antes que alguno de nosotros se atreviera a decir algo. Los tres teníamos la certeza de que se nos había dicho lo correcto, que habíamos encontrado la respuesta a lo que habíamos preguntado, pero la vivencia había sido demasiada intensa, ¿cómo era posible que el maestro nos hubiera contestado con tanta precisión sin conocer nuestras preguntas? Sentíamos la necesidad de digerir todo poco a poco. Todos coincidimos en que deberíamos esperar un poco para poner toda la información en claro, que después nos volveríamos a reunir para retroalimentarnos y establecer un plan de acción. La decisión del grupo me pareció razonable, pero... yo sabía que la responsabilidad de señalar el camino iba a recaer en mí. Ellos habían buscado mi guía y yo ya me había involucrado demasiado con ellos. ¿Cuál era el plan a seguir? ¿Quiénes serían los tres huéspedes que aparecerían de improviso?

CAPÍTULO SEIS

La interpretación

Dejé que pasara el tiempo suficiente para que se abrieran mis oídos y permitir que las palabras del Maestro me hablaran. La información que nos había dado El Oráculo tenía sentido, por lo que me dediqué a escribir unas notas alusivas que me sirvieran para organizarla y aplicarla a las necesidades del caso que tanto me preocupaba. Habíamos acordado que dejaríamos pasar un tiempo y entonces me relajé dejando que las cosas se acomodaran por sí solas.

Mientras tanto, nuestro cliente, el candidato político, había podido resolver exitosamente su crisis en campaña en parte gracias al trabajo estratégico del equipo de consultores master de la agencia y otro tanto al entrenamiento en medios de comunicación que había aceptado recibir, así que era de esperarse que la prensa en general hubiera recibido bien los argumentos explicativos que se habían dado; gracias a la dramatización de la realidad sus fuertes implicaciones sentimentales impactaron el corazón de los votantes. A partir de ahí, cada vez que el candidato de la oposición intentara revivir su guerra sucia, la opinión pública se le revertiría, así que nuestro cliente quedó vacunado contra posibles ataques. Ya solamente restaba esperar al día de la votación. Estábamos confiados pues varios puntos porcentuales se habían avanzado con la nueva estrategia y esperábamos que los resultados fueran favorables. De ser así nos esperarían seis años de fructífero trabajo. Debo reconocer que crucé los dedos.

Cité a los vendedores para el lunes a primera hora, por lo que durante el fin de semana, aprovechando que no había ninguna conferencia programada, me encerré en mi estudio a repasar los textos que había dicho El Oráculo. Nadie lo sabía, pero yo tenía mi propio ejemplar del Libro de Sabiduría que el mismo maestro en persona me había enseñado a leer hacía ya casi veinticinco años. Desde entonces su lectura se había convertido en mi gran consejera, en mi cómplice en la solución de los problemas, en mi gran consuelo durante los tiempos malos. Releyendo el texto pude reconocer que la interpretación que El Oráculo nos había hecho era espléndida y pegaba certeramente en el blanco. El viernes por la tarde había hablado a ambos vendedores para indagar cuáles habían sido sus preguntas y he aquí lo que me contestaron:

La vendedora. ¿Cómo puedo demostrar al mundo que soy una mujer exitosa y devolverles a mis padres lo que me han dado?

El vendedor. ¿Cómo puedo recuperar mi autoestima, encaminar mi vida y honrar la memoria de mi padre?

No me cupo la menor duda de que ambas eran preguntas inteligentes puesto que implicaban una petición ambiciosa, pero justificada por las circunstancias azarosas, y también encerraban una intención generosa, lo que de acuerdo con las grandes enseñanzas místicas aumentaba la posibilidad de que la petición fuera otorgada. Pude comprobar que se trataba de dos personas sensibles que habían tomado la experiencia en serio pues los comentarios burlones sobre El Oráculo jamás habían vuelto a aparecer. La experiencia de la lectura oracular se había traducido en una vivencia interior removedora y la voluntad de los dos vendedores se había despertado por convicción propia, no por imposición mía.

Llegué a la cita con mis notas perfectamente ordenadas. Sabía lo que iba a exponerles y adónde quería llegar, pero me resultaba mucho más interesante escuchar las conclusiones que ellos habían sacado, así que, intencionalmente, dejé que iniciaran el diálogo:

—Me costó trabajo entender con claridad por qué el libro había referido nuestra consulta al concepto de La Alimentación, ya que en un principio la relacioné con dar de comer y beber al cuerpo, como en otra parte el mismo texto lo había mencionado. Como también se refirió a La Espera, por un momento estuve tentado a creer que no había nada más que hacer que sentarse a esperar a que la solución llegara por sí sola y mientras tanto pasarla bien y de buenas. Con el paso de los días mi interpretación cambió y ahora creo que es mejor entender que La Alimentación se refiere a la forma en que vamos a saciar nuestra hambre de conocimiento. Que el alimento que buscamos es para la mente, no para el cuerpo —reflexionó primero, de manera profunda, el vendedor.

—Sí —reafirmó la vendedora dirigiéndose a él—, pero también yo entendí que la alimentación, o sea el conocimiento que necesitamos al que te acabas de referir, no deberíamos salir a buscarlo sino que deberíamos esperar a que nos encontrara, con paciencia, como la que tienen los campesinos que han sembrado y sólo les resta esperar con confianza a que llueva. Es ahí donde entra la virtud de la paciencia. Me gustó mucho la parte del riego de lluvia en la tierra fértil. Me imaginé que yo era una semilla que sería fecundada por el riego del conocimiento.

—¿Y qué me pueden decir de la perseverancia? ¿Sabían que significa constancia en la virtud y en mantener la gracia hasta la muerte? —introduje mis notas preparadas con esmero a fin de favorecer el intercambio de opiniones.

—Creo que El Oráculo mencionó que la alimentación no iba a ser fácil, que el esfuerzo sería mayúsculo, entonces creo que lo de la perseverancia tiene que ver con que no nos rajemos —dijo ella con evidente lenguaje coloquial.

—El que persevera alcanza, ¿no es así? —completó el vendedor con cara de haber dado con una buena conclusión.

Ella asintió con un gesto afirmativo de cabeza que movió de manera graciosa su peinado suelto y ondulado, perfectamente cuidado, "¿Cuánto tardaría en hacérselo?", pensé y de inmediato pregunté:

—Y el agujero. ¿Qué significa?

—Me impactó lo del agujero. Así es justamente como me siento, metida en un agujero y adentro está muy oscuro y tengo miedo ¡Me urge salir de él! —exclamó ella con vehemencia y de pronto me di cuenta de que aquel bronceado espectacular había desaparecido. "¿Tan grande sería su agujero?", pensé en tono de broma.

—Quiero que sepan que la imagen del agujero es perfectamente representativa del desconocimiento, mezclado con una situación problemática en la que se tiene la sensación de no poder avanzar, aunque uno quisiera. La desesperación, la angustia y el miedo son los sentimientos negativos propios de la oscuridad de un agujero y, además, quiero que sepan que en el caso de los vendedores es frecuente que se sientan metidos en él, de ahí que el conocimiento pueda ayudarles a manera de luz que ilumine el camino de salida.

—A mí lo que me sacudió fue lo de mirar las cosas de frente, me hizo reconocer que tengo un problema y debo enfrentarlo. También el señalamiento que nos hizo acerca de no autoengañarnos, que era precisamente lo que estaba haciendo al asumir las absurdas poses de sabelotodo. Fíjense… no sólo no sabía, que ya de por sí es triste, sino que además fingía saberlo, lo que en verdad es patético y constituye mi mayor problema. Es increíble, pero en un par de semanas me he dado cuenta de que a mis cuarenta años… bueno, casi… aún me falta muchísimo por aprender. —dijo humildemente el vendedor.

—Admiro tu avance —concedí—. Considera que cuando logras reconocer que tienes un problema y te preocupas por definirlo, el cincuenta por ciento del problema está resuelto. El cincuenta restante será encontrar e implementar la solución. Muy bien… —agregué—, hemos avanzado mucho, ya sólo falta saber lo de los tres huéspedes que aparecerán de improviso.

—Yo de eso sé mucho —aseguró ella con suficiencia—. En las fiestas que organizaba nunca faltaban desconocidos que se metían de colados, algunas veces daban molestias y teníamos que sacarlos entre todos, pero en otras resultaban ser personajes divertidísimos que aportaban mucho a la reunión. El talento que desarrollé para distinguir unos de otros me valió ganar muchos nuevos amigos y evitarme grandes problemas.

—Creo que ahí está la clave. Tal vez quiera decir que por un lado la enseñanza no deberá ser adquirida de una sola persona sino de una combinación de talentos y, por el otro, que no cualquiera podrá enseñarnos. Ése es el secreto, durante el proceso de nuestra alimentación deberemos saber diferenciar a quién daremos entrada y a quién no.

Me quedé boquiabierto. Entre los dos me habían señalado el procedimiento con claridad y al provenir de ellos, me ahorraba el esfuerzo de convencerles acerca de la necesidad de prepararse. Comprobé una vez más que la vida te muestra por sí sola los caminos cuando la dejas actuar, sólo hay que desarrollar la capacidad de observar para reconocerlos.

—Entonces, ¿qué? —les pregunté a ambos—. ¿Creen en el camino que se nos propone? ¿Confiarán en mí?

—Sí —fue la respuesta contundente y unánime.

—Bien, les propongo entonces que se den la oportunidad de pensar en las ventas como posibilidad de desarrollo, que no las abandonen como ocupación profesional, sobre todo después de haberles dedicado tiempo suficiente para acumular experiencias, aunque éstas hayan sido fallidas y dolorosas. Piensen que echando a perder se aprende y que esas vivencias han servido para llegar hasta aquí. Por lo tanto véanlo como un tiempo útil que no recomiendo desperdiciar. En el caso de usted —dije señalando con el índice al vendedor—, creo que le debe a su padre la obligación de honrar una profesión que además podría darle todo lo que quisiera; y en cuanto a usted —me dirigí a ella—, estoy seguro que dedicándose a las ventas tendrá no solamente la oportunidad de demostrar su valía, sino que después podrá usar todo lo que ahí aprenda para independizarse.

—A mí también me gustaría llegar a ser dueño de mi propio negocio —agregó él sintiéndose desplazado de la posibilidad de crecer más.

—Por supuesto, pero para que ambos puedan lograrlo tendrán que adquirir más conocimientos, más allá del de la mera técnica de ventas, así que no esperen un camino fácil —concluí satisfecho.

Al ver la buena acogida de mi propuesta, me levanté y como despedida felicité a los dos por sus conclusiones y les agradecí que me hubieran hecho el proceso de interpretación mucho más sencillo. Ya sabíamos cuál era el camino, ahora había que poner manos a la obra.

CAPÍTULO SIETE

Imagen y Reputación

L a nueva reunión se había citado para diez días después, tiempo suficiente como para preparar nuestras agendas. En el ínter habíamos acordado vía telefónica que seguiríamos la costumbre de vernos dos veces por semana y quedamos en que yo propondría una secuencia para el aprendizaje, de tal manera que el proceso se realizara en un orden que tuviera sentido. Estaba seguro de que el lugar que había escogido para iniciar el estudio les parecería sui géneris. Se trataba del salón de los espejos de una vieja mansión, propiedad de un rico coleccionista amigo mío, que gustoso accedió a prestármela en cuanto supo cuál era mi objetivo. Así que ahí estábamos los tres, a punto de iniciar el aprendizaje, parados frente al inmenso portón de caoba del salón, el cual abrí de manera efectista para imprimir un poco de dramatismo al momento. Creo que lo logré, pues al ingresar a la habitación vi la cara de asombro de ambos al encontrarse frente a decenas de espejos de diferentes tipos, formas y tamaños, que producían los reflejos más sorprendentes, distorsionando la realidad y haciendo perder las distancias, proporciones y formas reales. A propósito dejé que durante unos minutos se impregnaran de la atmósfera casi irreal del salón y que satisficieran su curiosidad recorriendo la diversidad de espejos. Mientras tanto, yo observaba detenidamente los gestos de agrado o disgusto que les causaba cada imagen reflejada, hasta que les pedí que finalizaran su análisis y se pararan frente al espejo que hubiese producido la imagen de ellos mismos que más les hubiera gustado. El vendedor eligió un espejo con marco de obsidiana, de forma rectangular y orientación vertical que lo mostraba más alto, más musculoso y que extrañamente le aclaraba un poco la piel. Al pararse frente a él alzó las cejas, hizo un gesto altivo, se irguió y cruzó los brazos. La mirada le cambió, como si de pronto hubiera adquirido la seguridad en sí mismo que se había negado durante casi toda su vida.

Del otro lado del salón ella se paró frente a un espejo oval enmarcado al estilo rococó, para mi gusto sobrecargado de flores y ángeles, el cual producía sobre su cuerpo un efecto fantástico que resaltaba sus formas, pero sin hacerla ver gorda, sino más exuberante, más voluptuosa, como si alguien dentro de ella hubiera emergido. Noté que ensimismada había abierto dos botones más de su blusa camisera azul turquesa y levantado el borde de su falda de tubo blanca para revisar el efecto deslumbrante que el espejo producía en sus pechos y sus piernas, extrañamente alargadas y no por causa de sus largos tacones; vamos... hasta sus ojos habían adquirido un brillo más allá de lo normal. Le expliqué que ese espejo en especial era una antigüedad que había estado en la sala vestidor de una noble dama europea y que no había mujer que se resistiera a mirarse en él, debido al efecto mágico que producía pues resaltaba las virtudes y ocultaba los defectos de quien se mirara. Le conté que la leyenda agregaba que varias mujeres habían quedado atrapadas en el interior del espejo por el excesivo tiempo que habían pasado frente a él. Tal vez una de ellas la había poseído mientras posaba. Ella no se inmutó, como si considerara posible lo que le había contado. Fascinada con mi historia y con la imagen que veía continuó viéndose largo rato, giraba y se movía como si estuviera siguiendo una coreografía de opereta romántica. Después de un buen rato, le pregunté a cada quien por qué habían elegido esos espejos y no otros. Contestaron que porque los habían hecho verse mejor, tal y como a ellos les hubiera gustado verse. Terminado el ejercicio, los reuní en el salón contiguo en cuyo centro había una antigua mesa de juego que usamos para colocar las tazas de café arábigo que un mayordomo acababa de preparar. Agradecidos nos sentamos, yo encendí despacio un puro que tomé de un elegante humidor y ellos prepararon sendos cigarrillos que disfrutaron con gran placer, entonces les dije:

—Hoy vamos a iniciarnos en el conocimiento del juego de la configuración de una imagen como consecuencia del proceso fisiopsicológico de la percepción. Si se dan cuenta —continué—, ambos se pararon frente a los espejos que les permitieron verse mejor, visión que incluso provocó que ambos actuaran diferente, por lo cual les pregunto: ¿Lo que percibían concordaba con la realidad?

—Por supuesto que no —dijo él.

—Ojalá y yo estuviera así de… —intervino ella con simpatía enfatizando con las manos la forma de sus pechos. Me causó gracia por lo que añadí sonriendo:

— Y… ¿Por qué se comportaron como lo hicieron? Tú —me dirigí a él—, adoptando poses de superhéroe y tú contoneándote como bailarina de… de… —me detuve pues no quería parecer ofensivo y de pronto me di cuenta de que ya los estaba tuteando.

—Bueno, en mi caso porque me vi más fuerte, más poderoso —me sacó él del momento embarazoso.

—Y yo me sentí más atractiva, por no decir más… —se interrumpió ella haciendo gestos de ricura.

—Así que la forma en que se percibieron provocó en ustedes una pauta de comportamiento automática y hasta cierto punto inconsciente. ¿No es así? —continué.

Ambos asintieron con la cabeza.

—Pues ése es justamente el fenómeno de la imagen, el que al través de la percepción se origine como respuesta una conducta. Se los dije cuando nos conocimos, IMAGEN ES PERCEPCIÓN y la manera como los demás nos perciben se va a convertir en nuestra imagen. Lo que los demás captan al través de sus cinco sentidos, que pueden actuar de uno en uno o juntos, va a ser traducido en una IMAGEN MENTAL, que será consecuencia de lo percibido. Esta imagen mental tiene el poder de producir efectos en la conducta de los individuos y por lo tanto va a influir en sus preferencias y decisiones, tal y como lo hicieron ustedes con los espejos. Como pueden ver, el campo de la imagen va más allá de lo que hasta ahora podrían haber entendido, pobre interpretación limitada al terreno de lo meramente físico o estético como si fuera parte de un juego de modas, algo frívolo o superficial, dependiente de gustos o caprichos personales. Para nosotros, los consultores en imagen pública, hacer una imagen consiste en crear y controlar el proceso integral de la percepción en torno de algo o de alguien con el objeto de provocar una respuesta en quien percibe.

—Comprendo que puede tratarse de algo más complicado, pero... vamos más despacio por favor —suplicó él—; o sea que nuestra imagen no está en nosotros sino en la cabeza de los demás... y tiene que ver con su percepción... pero entonces eso nos quitaría la responsabilidad de la imagen que se formen de nosotros, así que no es nuestro problema... ¿O sí? —inquirió con aire pensativo.

—Lo primero es correcto, nuestra imagen está en la mente de los demás; pero en lo que respecta a la responsabilidad que cada quien tiene en la manera como vaya a ser percibido, me temo que tú eres cien por ciento responsable de ella —contesté dando por sentado que el tuteo había sido admitido como muestra de familiaridad después de tanto tiempo juntos.

—¿Por qué? Yo no puedo meterme en la cabeza de los demás y forzarlos a que perciban como yo quiero.

—Pues simple y sencillamente porque la imagen es una consecuencia de algo más. Esto quiere decir que es un producto de algo que echó a andar el proceso de la percepción; me refiero a todas aquellas cosas que los sentidos de quien percibe hayan captado. En los terrenos de la Ingeniería en Imagen Pública a esas cosas las llamamos ESTÍMULOS y pueden ser de dos tipos: los **verbales** que se refieren a todo lo que decimos con palabras, y los **no verbales**, que incluyen a todas aquellas cosas que mandarán mensajes sin palabras —me di cuenta de que había soltado demasiada información por lo que me detuve un momento y continué—. Por ejemplo —me dirigí a la vendedora pues me pareció perfecta para explicar el caso—, si tú me dijeras que eres una mujer modesta a la que le gusta la discreción y el recato, con palabras estarías afirmando que lo eres; sin embargo, al mismo tiempo yo percibiría la manera como vienes vestida, el tamaño de tus accesorios, tu tinte, corte y peinado del cabello, la abertura de tu falda, la forma como cruzas las piernas y la coquetería con que me miras. Entonces sacaría la conclusión de que lo que me estás diciendo sin palabras no coincide con lo que expresaste. Yo detectaría que algo anda mal y, por lo tanto, desconfiaría de tu veracidad. Concluiría que no debo creerte simple y sencillamente porque no has sido coherente. Como pueden ver en este ejemplo, los estímulos verbales y no verbales que enviamos a los demás actúan sobre sus sentidos de manera simultánea. Esto implica que el proceso de estimulación deberá ser coherente entre lo verbal y lo no verbal para que lo que digas tenga credibilidad.

—Me acabo de sentir desnuda frente a ti —correspondió al tuteo y jaló su falda hacia abajo—. ¿O sea que los hombres me responden en la manera que suelen hacerlo porque yo los estimulo coherentemente? —continuó con picardía—. Mira, tú, ¡tan inocente que me creía! —remató arqueando la espalda y apretando los labios como quien quiere dar un beso.

—Pues lo dirás de broma —atajé—, pero así es. Ha quedado claro que los estímulos son la causa de la percepción y una vez captados por los demás se van a traducir en información que te dirá si debes creer o no. Pues bien, esa información se comparará con toda la información previa que el individuo haya adquirido a lo largo de su vida y, con base en ese proceso comparativo, él mismo sacará conclusiones acerca de si lo percibido le gustó o no, así de simple. Una conclusión binaria que hará que el receptor de la información dé una opinión a favor o en contra de lo percibido. Si su opinión es favorable, actuará positivamente; pero si es contraria, lo hará de manera negativa. Es bastante lógico, ¿no?

Ambos asintieron, pero con un gesto que reflejaba mil dudas. Tratando de ser más claro continué:

—Y aquí viene algo muy importante… ¡Esa opinión se convertirá en la identificación de lo percibido!… Entonces, después de percibir dirás: "Lo que percibí es bueno o es malo, me gusta o no me gusta, le creo o no le creo" y es así que le habrás otorgado una IDENTIDAD… Tú creerás que algo es lo que percibiste, aunque ello no coincida con lo que verdaderamente sea. Por eso puedo ahora darles dos principios fundamentales del juego de la imagen: primero, que la percepción de cada quien se convertirá en su realidad personal; y segundo, que las cosas son lo que parecen ser, aunque en verdad no lo sean.

—Pues me parece un juego muy cruel y por demás injusto —dijo ella indignada.

—¡Sí! —le contesté de inmediato—, pero yo no hice sus reglas, así somos y actuamos todos de manera natural.

—Bueno… Así pasó en los espejos —reconoció ella pensándolo un poco y continuó—. Yo escogí aquel en el que me percibí mejor y rechacé aquellos en los que me veía gorda o chaparra. Aunque a decir verdad, ninguno reflejó lo que verdaderamente soy.

—Correcto, buena comparación. Escogiste el espejo que te otorgó una mejor identidad. Es importante que pongan atención a la palabra identidad. Como a través de la percepción otorgamos identidad a las cosas, si lo que percibes te gusta, entonces lo identificarás como bueno para ti; si te desagrada, entonces lo identificarás como malo. Verán que es otra vez un proceso binario, o sea algo que elegimos sólo entre dos elementos… pero pasemos a otro conocimiento.

Aproveché para dar un sorbo a mi café. Noté con desagrado que se había enfriado, por lo que pedí al mayordomo que me lo cambiara y continué:

—Ya sabemos que cuando percibes, te formas una imagen mental que luego traduces en una opinión, y que esa opinión será la identidad que le otorgues a algo o a alguien —resumí, vi que asentían y seguí—; por lo tanto, podemos afirmar que la IMAGEN ES LA PERCEPCIÓN QUE SE CONVIERTE EN LA IDENTIDAD DE LO PERCIBIDO, y que: LA IMAGEN SE PRODUCIRÁ POR LOS ESTÍMULOS QUE HAYAN EMANADO. Imagínense ahora la importancia que esto podría tener en las ventas: la compra dependerá de lo que el cliente haya percibido, de la imagen que se haya formado del vendedor, del producto y de la forma en la que los haya identificado. Fácil, ¿no?...

Me di cuenta que los dos se me quedaban viendo un poco sorprendidos ante la contundencia de las afirmaciones, por lo que hice otra pausa para permitir que encendieran otro cigarrillo y se sirvieran del nuevo café que acababa de llegar. Como la vendedora se levantó al baño, yo aproveché para dar flama a mi puro que se había apagado. Cuando por fin ella volvió, por supuesto retocada de los labios, saqué una hoja de papel de mi carpeta de piel y, exhalando una bocanada de humo, les hice señas de que se acercaran para que vieran mejor lo que les iba a escribir. Mientras les repetía poco a poco lo que acababa de explicarles, les fui dibujando un esquema a manera de ecuación matemática que les facilitara la comprensión del proceso. Cuando terminé, hasta arriba de la hoja escribí lo que creí que podía ser un buen título:

ECUACIÓN DE LA IMAGEN

que quedó exactamente así:

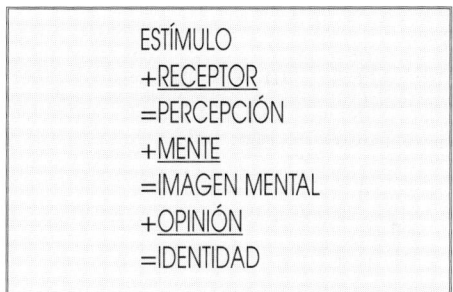

ESTÍMULO
+RECEPTOR
=PERCEPCIÓN
+MENTE
=IMAGEN MENTAL
+OPINIÓN
=IDENTIDAD

Les pedí que vieran este resumen con atención pues iba a agregar un concepto que sería trascendental. Les expliqué que si la identidad se conservaba durante algún tiempo, es decir, si estimulábamos a nuestros receptores de la misma manera durante mucho tiempo, el suficiente como para que la impresión producida quedara arraigada en su mente, entonces se produciría el concepto de LA REPUTACIÓN. Les dije que, en el campo de mi especialidad, la reputación no era otra cosa que UNA IMAGEN PÚBLICA SOSTENIDA EN EL TIEMPO.

Para que lo entendieran mejor, volví a mi esquema y dejando un espacio después de la última línea escrita añadí:

```
ESTÍMULO
+RECEPTOR
=PERCEPCIÓN
+MENTE
=IMAGEN MENTAL
+OPINIÓN
=IDENTIDAD

+TIEMPO

=REPUTACIÓN
```

Entonces, dirigiéndome a él, le dije:

—Ahora analiza todos los elementos de este nuevo esquema y basado en él trata de contestarme: ¿por qué te has formado tan mala reputación de la profesión de vendedor?

Primero se impactó con la profundidad del cuestionamiento, después se concedió un poco de tiempo para cavilar, se mesó el cabello y, finalmente, habló siguiendo el esquema con el dedo:

—Pues creo que las cosas que mi papá nos contaba respecto a la forma de ser de los vendedores, de la compañía en la que trabajaba, sirvieron de estímulos repetitivos que poco a poco se me fueron quedando, los guardé en mi mente y los fui dando por verdaderas. ¡Mi papá me hizo percibir que ser vendedor era ser alguien malo! —exclamó emocionado.

—Vas bien —reforcé.

Asintiendo con la cabeza, dio un sorbo de café, chupó su cigarrillo y continuó:

—Fui configurando una imagen mental de lo que era ser vendedor a través de lo que oía, y aunque no lo decía, porque mi papá se hubiera ofendido, formé la imagen mental de un vendedor para después opinar que era algo malo, que no me gustaba y, por lo tanto, les otorgué a todos los vendedores una identidad negativa.

—¿Te das cuenta?... Tú nunca te preguntaste si podrían haber existido otros vendedores de la misma empresa que se comportaban bien. ¡Y te puedo asegurar que los había! Simplemente identificaste mal a todos los vendedores por igual y de paso a la profesión a la que se dedicaban, sin detenerte a pensar si eso era verdad o si estaba limitado solamente a la empresa de tu padre. Como escuchaste lo mismo durante mucho tiempo, la imagen que concebiste y la identidad que otorgaste se arraigaron convirtiéndose para ti en la reputación del vendedor y, de paso, la de las ventas. Todo en tu muy personal percepción que se había convertido en tu verdad personal.

—Ahora lo veo claro —abrió más los ojos y levantó las cejas—, el hecho de que yo lo haya percibido como algo negativo no quiere decir que así haya sido y por lo tanto bien podría darle una segunda oportunidad.

—Así es, pero ahora quiero hacerles dos preguntas que necesito que atiendan: ¿Cuál es el requisito indispensable que se necesita para que una imagen se convierta en una acción, en una conducta humana? Y... ¿Cuándo una imagen se convierte en pública?

—No me parece difícil contestar a la segunda —se adelantó ella con mucha seguridad—, creo que es lógico. Una imagen se hace pública cuando muchos perciben lo mismo —se detuvo un poco y vio el esquema de la ecuación de la imagen—... y me imagino que si comparten la percepción entonces opinarán e identificarán algo de la misma manera.

—¡Correcto! —añadí entusiasmado ante la lógica que la había llevado a tal conclusión—. De hecho, IMAGEN PÚBLICA se define como LA PERCEPCIÓN COMPARTIDA QUE PROVOCA UNA RESPUESTA COLECTIVA UNIFICADA.

—Pues es lo que acabo de decir, sólo que más rebuscado —dijo ella y sin quedarme otra cosa que darle la razón, añadí:

—Pero además debes incluir en tu razonamiento que los que percibieron igual, no solamente opinarán e identificarán igual, sino que, ¡actuarán igual! Y de ahí podrán entender cómo se da el proceso de la compra masiva de un producto exitoso, de la votación en tiempos electorales o de la asistencia multitudinaria a un espectáculo artístico o deportivo.

Hice una pausa preparando lo que venía.

—Ahora imagínense que la respuesta pudiera ser provocada y que pudiera lograrse el control de una conducta de manera deliberada. ¿Se dan cuenta del poder que se podría ejercer sobre los demás?

—¿Esto sería posible? —preguntó el vendedor.

—Por supuesto que sí... si controlas los estímulos puedes controlar la respuesta. Para eso existe la Ingeniería en Imagen Pública, cuya propuesta es aplicar el saber científico a la emisión de los estímulos que van a crear o modificar la percepción hacia una persona o hacia una institución. De seguirla, no dejarías a la casualidad todas las cosas que los demás van a percibir de ti, sino que con el conocimiento adecuado controlarías lo que quisieras decir con y sin palabras

—Pero, cómo, ¿cuál es ese saber? —continuó preguntando él.

—Pues el conjunto de conocimientos que partirán de diferentes ramas científicas como la comunicación, la psicología, la semiótica, la mercadotecnia o la sociología. Menciono sólo algunas que la Ingeniería en Imagen Pública relacionará entre sí y que aplicará juntas a la emisión de los estímulos que, como, ya saben provocarán como respuesta una conducta.

Di otra larga chupada a mi puro, eché el humo y finalicé:

—¿Pero se acuerdan de que dejé abierta la pregunta de cuál sería el requisito indispensable que debería existir para que una imagen genere en los demás una acción, una conducta? —hice una pausa para que pensaran y continué—. Pues bien, la respuesta es la COHERENCIA. Este requisito tendrá que unir lo que decimos con lo que hacemos para ganar credibilidad. Si hay credibilidad la gente actuará... Sin la coherencia nada de eso pasaría. Les repito, ahora imagínense lo que este conocimiento podría hacer por un vendedor, la manera como podría incrementar sus ventas —concluí pensando que por ahora había sido suficiente.

Les pedí que repasaran los conceptos analizados, que se llevaran el esquema de la ecuación de la imagen y les dije que continuaríamos en nuestra siguiente sesión. Con caras de cansancio pero de satisfacción, salimos de la mansión de mi amigo ya casi de noche. El portón se cerró con gran estruendo entre los rechinidos de sus bisagras. En la penumbra, su fachada de estilo francés de mediados del siglo XIX cobraba una atmósfera casi espectral que imponía. Me pude fácilmente imaginar lo que debe haber impresionado esa casona a los paseantes nocturnos. Agradecí vivir en estos tiempos y que fuera hora de irnos.

Al dirigirnos hacia el automóvil, de pronto vi una figura que cruzó la calle al detectar nuestro movimiento, como si nos hubiera estado esperando y no quisiera ser sorprendido. Ellos también la vieron, pero al percatarse de que se trataba de un viejo solitario, hicieron caso omiso de ella. Yo no pude quedarme tan tranquilo, así que observé mejor. Efectivamente, se trataba de un hombre de edad madura, usaba lentes redondos como de intelectual, llevaba barba blanca algo descuidada e iba vestido con botas de explorador, gabardina negra y un peculiar gorro con un par de motas amarillas que me parecieron fuera de tono. El hombre fue a recargarse al alféizar de la puerta de una casa poco alumbrada y ahí permaneció hasta que nos vio partir. Cuando pasé por enfrente de él, tuve la impresión de que hacía una leve inclinación de cabeza a manera de discreto saludo. ¿Nos conocía?

CAPÍTULO OCHO

Imagen pública y Ventas

L a segunda reunión de esa semana con los vendedores se llevaría al cabo en uno de los salones del Colegio de Consultores en Imagen Pública. Yo estaba bien y de buenas, se me notaba y no era para menos: nuestro cliente, el candidato político, había ganado las elecciones para gobernar su estado. Por la mañana nos habían dado la noticia, habíamos hablado con él y desde el altavoz del teléfono, el futuro gobernador había felicitado a todos los miembros del equipo por su trabajo. Yo estaba ya disfrutando del placer del jugoso contrato que tendríamos en los próximos seis años y tal vez, quizás, si todo salía bien, podríamos ligar seis años más, pues nuestro cliente tenía serias intenciones de aspirar a otro puesto más grande, pero por ahora eran anhelos secretos. Cuando me anunciaron que la pareja de vendedores se encontraba esperándome en el salón de recepciones, pedí que los hicieran pasar directamente al aula en la que trabajaríamos. Habían llegado puntuales y me dio gusto ver que empezaban a abandonar su antiguo hábito de llegar tarde. Estaba seguro de que habían comprendido que la puntualidad era el reflejo del interés.

La vendedora venía toda de verde con un top de algodón sin bra, falda larga amplia hasta el tobillo y zapatilla de tela con tacón de diez centímetros. Una bolsa enorme con adornos metálicos, cuya marca coincidía con la de los zapatos, colgaba de su hombro izquierdo. Se veía radiante, fresca como recién bañada, no obstante la hora avanzada del día, seguía despidiendo un olor a cítricos y flores de azahar que invitaba a acercarse; además, traía una actitud de apertura llena de energía. Por el contrario, el vendedor no se veía tan bien, mejor dicho, se veía pésimo. Iba vestido con una camisa gris de manga corta, un pantalón de gabardina azul marino, abrillantado por las planchadas y calzaba los mismos mocasines baratos de siempre. Su atuendo me recordó al uniforme de alguna prisión estadounidense. Apunté mentalmente que tendría que decirle que los zapatos son el principal accesorio de un hombre y que es el primer punto masculino al que dirigen su vista las mujeres, pero mi sensibilidad me dijo que éste no era el momento, algo andaba mal. Estaba alicaído, aún más que la vez que había enfrentado al recuerdo de su triste pasado. Cuando le pregunté la causa de su semblante, me contó que no había podido dormir pensando en la injusticia que desde la muerte de su padre había cometido con él. Había reflexionado al respecto de la diferencia entre percepción y realidad que habíamos visto en la sesión anterior y llegado a la conclusión de que su padre no había sido un fracasado como él lo había percibido, sino un hombre voluntarioso de principios sólidos que había ingresado a un cuerpo de vendedores formado por hombres sin escrúpulos cuya imagen permeó en él. Una cuestión de mala suerte que le había hecho estar en el lugar y tiempo incorrectos. Me dijo que tal vez su padre había sido una víctima de un clima empresarial adverso, uno de esos justos que habían pagado por pecadores. También me confesó que lo que más le dolía era lo tarde que había llegado a estas conclusiones y ya no poder decirle cuánto lo admiraba, cuánto valoraba ahora el esfuerzo moral y laboral que había hecho por él y sus hermanos. Se sentía muy solo.

—Creo que ya no debes atormentarte —le dije con tiento—, lo bueno de esas reflexiones desveladas es poder llegar a conclusiones acertadas. Enfrentar las situaciones negativas que venimos arrastrando sirve para poner cada cosa en su lugar, de tal manera que una vez lograda la ubicación, puedas perdonarte a ti mismo y perdonar a los demás. Creo que debes aligerar tu carga emocional.

—Gracias por su comprensión maestro, pero se siente mucho dolor, le ruego que me disculpe —me contestó regresando a la forma de hablar de usted.

—No se preocupe más y pongámonos de buenas pues hoy vamos a relacionar los fundamentos de la imagen con las ventas. Hemos acordado que el camino más viable para el desarrollo de ustedes dos es el de continuar en las ventas y convertirse en vendedores más allá de lo convencional, así que sugiero que vayamos descubriendo conceptos que les permitan lograr el objetivo. ¿O alguno de ustedes ya cambió de opinión? —como ambos negaron con la cabeza, añadí—: Lo importante de todo nuestro estudio será poner los conocimientos de la Ingeniería en Imagen Pública al servicio de las ventas para que sirvan como armas poderosas para vender más, para lograr que te compren.

—¿No es lo mismo? —se extrañó ella.

—No —expresé rotundamente—, no es lo mismo intentar vender que provocar que te compren. Cuando tú vendes estás en posición débil, eres tú el que tiene que pedir y por lo tanto arriesgarte a conceder, a aceptar forzado las condiciones que te impongan con tal de lograr la venta. Es el caso típico del vendedor que tiene que cerrar el pedido a costa de lo que sea, aun de sus utilidades y entonces... ¿Para qué vender?... En cambio, cuando el cliente desea comprarte, la posición de poder se pone de tu lado y lo único que deberás hacer será guiar con destreza la entrevista y cerrar la operación. Parece sencillo. Sin embargo, en este razonamiento hay una trampa: la dificultad implícita en la adquisición del conocimiento y el desarrollo de las habilidades que te permitan convencer a alguien de que te compre —advertí.

Para que se entendiera mejor el concepto "No vendas, haz que te compren" les puse un ejemplo que hacía algún tiempo habíamos vivido en la agencia. Era un caso que no tenía que ver con la venta de un producto como tal sino de otro candidato político que nos había contratado para crear su imagen pública en campaña. El proyecto era muy difícil pues desde antes del proceso electoral la población ya se había mostrado adversa a él y a su partido y mostraba su preferencia hacia el candidato de la oposición con más de veinte puntos de diferencia. Durante varios meses trabajamos duro para hacer saber las bondades de nuestro "producto" candidato, a nuestros posibles "compradores" ciudadanos, intentando que además vieran con simpatía a la "marca" que lo cobijaba, su partido político que en ese entonces no las traía todas consigo. Pese al esfuerzo de "venta" y que se logró disminuir notoriamente la desventaja, finalmente la elección se perdió por cinco puntos de diferencia, la mayoría de los ciudadanos no quisieron comprarlo. No obstante la derrota, el candidato no se dio por vencido y desde el primer momento se puso otra vez en marcha en una nueva campaña no oficial. El objetivo ahora no era venderlo, sino hacer que ahora lo compraran para que pudiera volver a presentarse a la misma candidatura seis años después, no por imposición del partido sino por el deseo popular medido con oportunas encuestas. La estrategia cambió de manera sustancial, ya que aprovechando que había dejado una buena imagen pública, se empezó a trabajar con discreción en los nuevos estímulos verbales y no verbales coherentes que convencerían sentimentalmente a la ciudadanía de que debían comprarlo. El objetivo se logró y lo demás es historia, nuestro cliente fue nuevamente candidato y arrolló en el siguiente proceso electoral.

Terminado el ejemplo, enseguida les dije que ya era oportuno entrar a revisar el terreno tradicional de las ventas, así que empecé por poner encima de la mesa varios libros especializados, antiguos y recientes, que citaban diferentes definiciones de una venta. Mientras los manipulaban procedí a dar las siguientes instrucciones:

—Cada uno de ustedes tomará un libro, lo abrirá en la página que tiene un clip y leerá la definición de ventas que está señalada con marcador fluorescente, dirán el nombre del autor del libro y yo iré complementando la exposición con mis observaciones. ¿De acuerdo? Empieza tú, por favor —señalé a la vendedora.

—"Vender es influir en un cliente para que se ponga de acuerdo con usted en comprarle lo que le está ofreciendo." Kahle —leyó tímida.

—Esta definición habla de imponer voluntades para lograr el acuerdo que conduzca a la compraventa —expliqué y le di el turno al vendedor.

—"La venta se define como un cambio de servicios o satisfactores." Bideau —dijo en tono pesado, que reflejaba su estado de ánimo.

—Reduce la venta a un intercambio —señalé.

—"Vender es ayudar a los compradores en perspectiva a adoptar una decisión en beneficio propio." Weymes —alternó ella un poco más animada.

—Está mejor, pues implica ayudar a decidir al cliente; pero, ¿dónde queda el papel del vendedor?, ¿nada más de ayudante? —cuestioné.

—"Vender es averiguar lo que el cliente desea y luego decirle que nuestro producto se lo proporcionará." Whiting —creció un poco el énfasis de él.

—Muy bien —asentí—, pero está inconclusa, no dice qué sigue después.

—"Vender es establecer una comprensión entre el vendedor y el cliente, una coincidencia de pensamientos." Lewis —el tono de ella ya fue aburrido.

—A ésta le falta señalar un objetivo, ¿para qué lograr la comprensión? —evidencié.

—"La verdadera habilidad de la venta es convencer a alguien para que haga lo que no quiere hacer." Wheeler —dijo él asombrado.

—Tienes razón en asombrarte —le dije interpretando su gesto—; es malévolo pensar que pudiera sugerirse que la venta debe valerse de mañas engañosas; si no, ¿cómo lograr que alguien haga algo que no quiere?

—"Vender es el arte de hacer las preguntas adecuadas para generar interés, crear el proceso de descubrimiento, construir una comunicación y demostrar realmente tu interés en el cliente potencial"… "Si alguna vez has preguntado, rogado, tratado de convencer, negociado, maniobrado, o incluso manipulado el punto de vista de otra persona, estás dentro de las ventas." Singer.

—Bueno, me gusta más la segunda parte que la primera, muy difusa, al menos aquélla sugiere una tesis con la que estoy de acuerdo: Cada vez que intentamos convencer a alguien de que haga algo en nuestro favor estamos vendiendo. Piensen en una madre que pide a sus hijos que la ayuden, en un candidato político que solicita el voto, en el empresario que está explicando las condiciones de un trabajo a su subordinado, en el joven que le pide a una chica que sea su novia. Todo el mundo necesita vender, de ahí que el conocimiento de la imagen pública me parezca perfectamente aplicable a las ventas —dije de manera contundente mientras recogía los libros—... Como ven, todas las definiciones son válidas, unas mejores que otras, pero dicen más o menos lo mismo y ninguna roza siquiera la noción de la percepción, de la imagen, de la coherencia, que como vimos son conceptos determinantes del éxito de cualquier relación humana y eso nos abre un área de oportunidad creativa enorme.

A partir de ahí nos enfrascamos en una larga discusión que recopiló todos los conceptos de imagen pública y de ventas que hasta ese momento habíamos señalado, los interrelacionamos y después de diferenciarlos llegamos a las siguientes deducciones:

- En una venta intervienen dos partes: la que ofrece un producto o servicio y la que lo demanda.
- El proceso de la venta implica la presencia de necesidades mutuas que se deben satisfacer.
- Toda compraventa implica una negociación que debe arrojar un beneficio para las dos partes implicadas.
- Durante el contacto personal entre comprador y vendedor ambas partes envían y perciben una cantidad abundante de estímulos verbales y no verbales.
- De la imagen del vendedor dependerá la percepción del comprador.
- De la percepción del comprador dependerá su acción de compra o rechazo.
- Para lograr que le compren el vendedor deberá ser convincente.

- Para poder convencer, el vendedor deberá ser creíble.
- Para ser creíble, el vendedor deberá ser coherente.
- Para ser coherente, el vendedor deberá reconocer y controlar los estímulos verbales y no verbales que enviará al comprador.

Basados en estas deducciones, de manera automática llegamos a la siguiente conclusión:

Para lograr que le compren, el vendedor deberá cuidar su imagen y para ello necesita primero saber cómo crearla; por lo tanto, es necesario que entre en contacto con el conocimiento de la Ingeniería en Imagen Pública. Con ella será capaz de crear una buena imagen para vender, poseerá una IMAGEN VENDEDORA. El concepto rector estaba creado.

Como la lógica había sido aplastante y los vendedores habían llegado por sí mismos a dicha conclusión, inmediatamente cobraron conciencia de la importancia que tendrían los conocimientos en imagen pública que pudieran adquirir. Decidieron que valdría la pena aplicar toda su voluntad y disciplina a ello pues se trataba de un esfuerzo trascendente que realizarían ya no por sugerencia mía sino por convicción de ellos. Me sentí satisfecho.

Al terminar les advertí que esta vez necesitaría de más tiempo de preparación para poder desarrollar el concepto de imagen vendedora. Necesitaría definirlo y establecer sus reglas del juego.

Cuando nos despedimos, jamás vi dos expresiones más iluminadas que las de sus rostros. Estaban también satisfechos y los vi partir muy contentos. Definitivamente había sido un buen día, por lo que yo seguí bien y de buenas.

CAPÍTULO NUEVE

Las nuevas definiciones

E l reto que tenía por delante era enorme. Sabía que había llegado el momento de trabajar en soledad para crear conceptos sólidos antes de compartirlos. Los conceptos debían ser bien fundamentados, claros y creíbles; sobre todo deberían poseer tal solidez que pudieran salir avante de cualquier prueba a la que los vendedores los sometieran.

Para obtener la definición de imagen vendedora, partí del concepto base que dice que imagen es percepción. De los apuntes que había hecho en la sesión anterior extraje que en el caso de una compraventa la percepción se debería dar de ida y vuelta entre las partes involucradas: la del vendedor por un lado y la del comprador por el otro, y utilicé como acción definitoria la conclusión de que era mejor hacer que te compraran que tener que forzar la venta. Por ello tendría que involucrar las condiciones de coherencia y credibilidad necesarias para lograrlo. A fin de esclarecer las ideas, escribí el siguiente esquema:

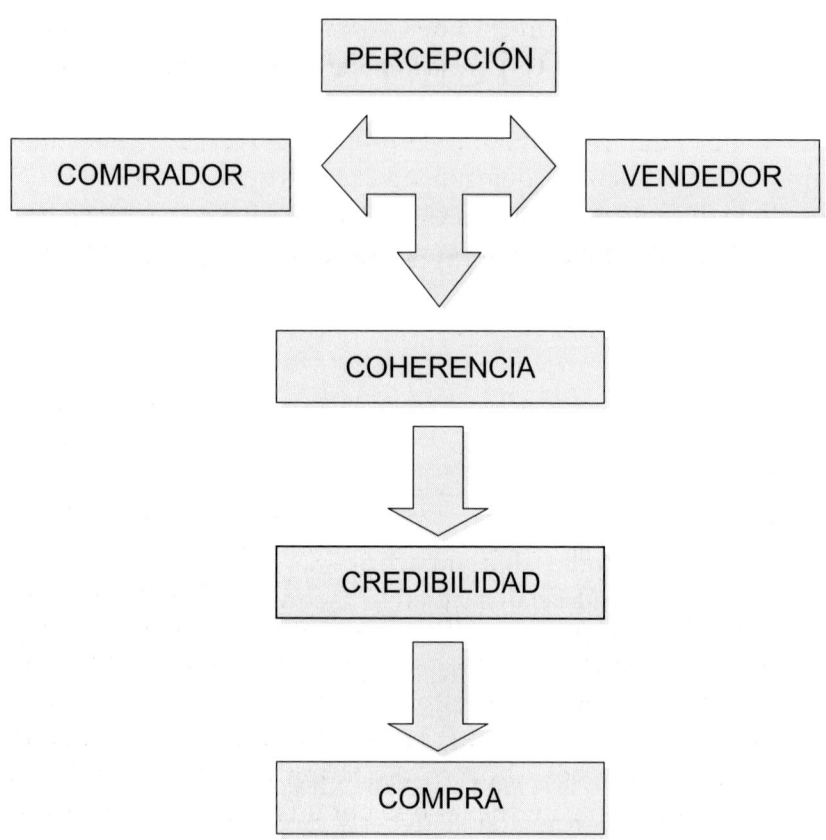

Comprendí que la percepción del vendedor, al depender de su capacidad de observación de los estímulos que le enviara el comprador, podría convertirse en una herramienta poderosa para obtener información que le revelara lo que aquél estaba pensando y sintiendo. De esa manera, contaría con una ventaja valiosísima para manejar de manera eficaz la entrevista de venta. Por otro lado, de la percepción que el comprador tuviera de los estímulos que le enviara el vendedor se desprendería su decisión de comprar. Si el vendedor no era consciente de los estímulos verbales y no verbales que le enviaría al comprador, menos podría tenerlos bajo control; por lo tanto, correría el riesgo de no ser coherente, de que el comprador desconfiara de él, de que no le creyera y, en consecuencia, rechazara cualquier propuesta que le hiciera.

Así visualicé el proceso de la compraventa, como un intercambio de imágenes, de información verbal y no verbal codificada que debería traducirse en una acción positiva.

Habiendo compendiado el proceso de la compraventa junto al de la relación clara que había entre la imagen y las ventas, me dediqué durante varios días a escribir definiciones que reflejaran, por un lado, las ventas desde el enfoque de la imagen pública y, por el otro, el concepto que habíamos dejado establecido: el de imagen vendedora. Debo confesar que el reto me causó insomnio y desesperación por lo que debo haber roto más de una treintena de intentos que no conducían al resultado que quería. Saturado, decidí dejar descansar toda la información y esperar a que la inspiración llegara.

Por fin llegó. Sucedió en la madrugada de un frío día de invierno en la que me despertó una extraña sensación y escuché entre sueños pero con claridad una voz interior que me señalaba los conceptos que andaba buscando. Salté de la cama y corrí al escritorio a escribir lo que me había venido a la mente, tenía que ser de inmediato, de lo contrario correría el riesgo de caer en una ensoñación que provocaría el olvido de todo. Garrapateé durante unos cuantos minutos lo primero que me vino al pensamiento, ideas aparentemente inconexas que por un momento me hicieron dudar de que fueran eficaces para solucionar el problema, que se había vuelto una obsesión. Sin embargo, seguí escribiendo sin importar que en ese momento parecieran faltos de cohesión. Como no era la primera vez que me pasaba, ya sabía que al despuntar el sol podría iniciar el proceso de pulir mis garrapatos para de ellos obtener, cual joyero que pule un carbón, algo que cobrara forma valiosa. Fue así que después de haber estado durante varios días intentando discurrir algo, en un par de horas escribí las siguientes definiciones que servirían de base para todo lo que después vendría:

DEFINICIÓN DE IMAGEN VENDEDORA:

> **Es la percepción recíproca que provoca el deseo y la acción de compra.**

Definición de venta desde el punto de vista de la imagen pública:

> **Es el proceso coherente de estimulación verbal y no verbal que un vendedor realiza para que un cliente potencial le crea y entonces le compre.**

A esta última le llamaría **VENTAS CON IMAGEN**. El coctel de conceptos se había mezclado perfectamente por lo que estaba emocionado y quería compartir de inmediato las definiciones con mis alumnos vendedores, así que sin aguardar más les hablé para citarlos de inmediato en mi casa; tuve que aguantar los refunfuños de la vendedora en bata, que en ese momento se disponía a recibir a la estilista que le teñiría el cabello.

Cuando llegaron, los recibí en mi estudio del penthouse y la premura de la cita no obstó para que los estuvieran esperando un buen café con galletitas recién horneadas en casa que ella prácticamente devoró y ayudaron a que olvidara su disgusto ante los cambios de planes. Con orgullo les extendí las copias que había imprimido para ellos y aguardé lo suficiente para que las leyeran mientras estudiaba su lenguaje corporal.

Él se sentó en un sillón, se inclinó hacia delante y clavó la mirada profundamente en las hojas, se llevó la mano derecha a la barbilla y conforme avanzaba la lectura asentía con la cabeza. Bien... interpreté, estaba concentrado, entendía y aceptaba lo escrito. Por el contrario, ella actuó diferente, pasó las hojas con rapidez, se mordió el labio inferior y parpadeó con mayor velocidad, algo estaba mal, así que le pregunté:

—¿Pasa algo contigo? ¿No se entiende lo escrito?

—No, no es eso, creo que es el resumen perfecto de todo lo que ya habíamos aprendido y estoy de acuerdo con todo lo que acabo de leer, es sólo que no sé cómo voy a hacer para descifrar los estímulos que un comprador me esté enviando y para lograr la coherencia entre los estímulos que yo le envíe... si ni siquiera sé cuáles son, pues menos voy a saber cómo controlarlos. Creo que es mucho —dijo con cierto desánimo.

—Tienes razón, pero no te preocupes. Quiero que sepas que eso mismo le pasaría a cualquier vendedor.

—Pero, mal de muchos...

—Consuelo de tontos —completé el refrán popular—. No se trata de eso, es evidente que todo el conocimiento que falta habrá de buscarse y eso requerirá de un esfuerzo adicional.

—Lo advirtió El Oráculo con La Alimentación —recordó ella.

Se quedó pensativa e hizo una pausa que aprovechó el vendedor para decirme:

—En la definición de venta, usted sugiere que mi coherencia le va a dar credibilidad a mi propuesta y que entonces el cliente me comprará y así lo dibujó en este esquema —mostró la hoja que le había dado con las definiciones y señaló donde venía el esquema que me había servido de base para el desarrollo—. ¿No es una conclusión simplista y arriesgada?... En mi experiencia creo que intervienen más cosas que podrían dar al traste con mi venta.

—¿Cómo qué cosas?... —le pregunté.

—Bueno, no sé, por ejemplo, que el producto no le guste al cliente, que la entrega no se haga a tiempo por problemas con el transporte o porque no haya inventario suficiente en el almacén —replicó acertadamente.

—Creo que tu postura es razonable y que lo que refieres son cosas que en verdad pasan —le dije volviendo al tuteo—; sin embargo, para nuestro nuevo enfoque, el de las ventas con imagen y el de lograr una imagen vendedora, todas esas circunstancias también deberán considerarse como estímulos. Ya veremos que las cosas que el cliente vea y sienta serán determinantes para que la venta se logre. Por ejemplo: en el caso de un producto, éste, por sí mismo, constituirá uno de los estímulos visuales más importantes y será siempre recomendable que de primera impresión sea agradable a la vista, después que cuente con la calidad suficiente para satisfacer la expectativa del cliente y que su precio sea justo. Pero la experiencia también nos dice que ningún producto, por bueno que sea, podrá dar gusto al cien por ciento de los posibles compradores —hice un gesto enarcando las cejas y sumiendo las comisuras de los labios, lo que sugería resignación—. En lo que respecta a la importancia de la coherencia en la consecución de la credibilidad, voy a explicarles cómo se conectan ambas —volteé hacia la vendedora para incluirla en mi explicación—, para eso voy a dibujarles otro esquema más complejo así que pongan atención —en una hoja de papel dibujé una escalera y escribí en su parte inferior las palabras IMAGEN VENDEDORA y empecé mi explicación:

—La imagen vendedora se crea por la percepción recíproca de estímulos verbales y no verbales que deberán ser coherentes para que sea posible la comunicación integral —escribí las palabras COHERENCIA DE ESTÍMULOS y sobre ellas COMUNICACIÓN INTEGRAL, y continué:

—De la comunicación coherente e integral entre las dos vías, la verbal y la no verbal, se desprenderá la eficacia del conocimiento que brindemos al cliente acerca del producto, de nosotros mismos, de la empresa, de la marca, etc. —escribí encima las palabras MEJOR CONOCIMIENTO.

—Del conocimiento, el cliente desprenderá mayor seguridad de que el producto o servicio podrá satisfacer su necesidad. —escribí MAYOR SEGURIDAD.

—Sólo si el cliente se siente seguro de lo que le estamos diciendo podrá entonces confiar en nosotros, el producto o servicio y la empresa —escribí la palabra CONFIANZA.

—Y, finalmente, si el cliente nos otorga su confianza, entonces habremos obtenido el más grande patrimonio que podremos lograr como personas o empresas: la credibilidad —coroné el esquema con la palabra CREDIBILIDAD.

Adicionalmente les expliqué que cuando se gana la credibilidad aumentan infinitamente las probabilidades de que nos concedan lo que pidamos, trátese del voto, de una contratación, de un ascenso, del apoyo a un proyecto de trabajo y, por supuesto, de la compra de un producto. Entonces escribí la palabra COMPRA hasta arriba y el esquema quedó así:

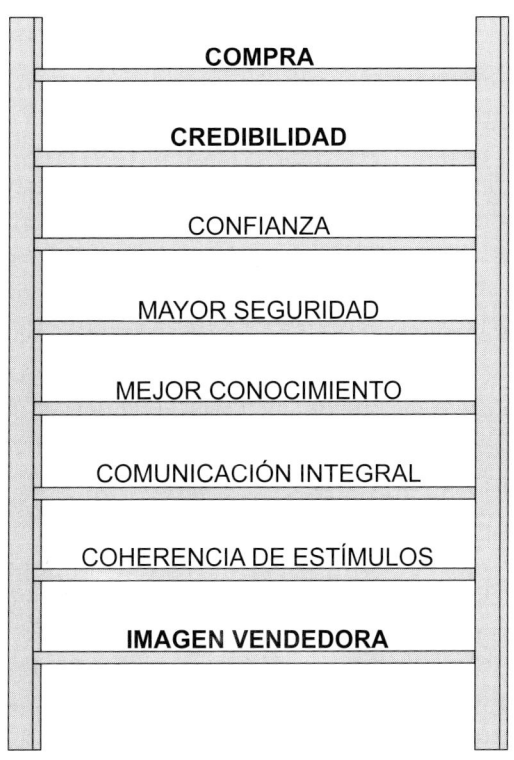

—¿Quedó claro? —les pregunté y como asintieron, pasé a otro asunto:

—Ahora vamos a revisar la ecuación de la imagen para adaptarla a su modalidad de imagen vendedora. Vamos a ver a continuación cómo quedaría... —saqué el apunte anterior y fui corrigiendo.

—Lo que aparecería primero sería el estímulo lanzado por el vendedor, el cual va a encontrar como receptor al comprador quien en su mente formará una imagen del vendedor, del producto, de la marca y de la empresa —y escribí:

> ESTÍMULO VENDEDOR
> +RECEPTOR COMPRADOR
> =IMAGEN VENDEDORA

—Después entraría en juego la decodificación de todos los estímulos recibidos. El comprador compararía la información obtenida contra sus necesidades y opinaría a favor o en contra otorgando una identidad al vendedor, producto, marca y empresa —agregué:

> +OPINIÓN BASADA EN NECESIDADES
> =IDENTIDAD VENDEDORA

—Posteriormente, el vendedor tendría que escuchar y comprender perfectamente la información verbal y no verbal que le enviará de regreso el comprador en forma de opinión y determinar si éste entendió bien y está diciendo la verdad... o mintiendo para zafarse de la compra. Importante será que el vendedor ponga especial atención a las necesidades del cliente para comprenderlas y basado en ellas ajustar su oferta. Si durante el proceso de retroalimentación el vendedor procede con coherencia satisfaciendo las necesidades del comprador, lo más seguro es que logre una venta con imagen —escribí:

> +REESTIMULACIÓN COHERENTE Y SATISFACTORIA
> =VENTA CON IMAGEN

—Por último, si logramos concluir el proceso de manera exitosa entregando el producto o servicio puntualmente y satisfaciendo la expectativa de funcionamiento del comprador, éste confirmará la identidad del vendedor, arraigará su imagen vendedora y volverá a comprarle, o lo que es mejor… lo recomendará con otros clientes. Todo lo cual tomará cierto tiempo mismo que corresponderá a la formación de la reputación vendedora —Terminé de escribir:

```
+TIEMPO
=REPUTACIÓN VENDEDORA
```

—¿Tienen alguna otra duda? —pregunté antes de dar por terminada la sesión. Como ya no hubo ninguna más, les pedí que se llevaran las hojas con las definiciones y planteamientos, y solicité que las repasaran puesto que serían básicas para el conocimiento que veríamos en la siguiente sesión. Rehice la hoja que contenía la ecuación de la imagen vendedora y finalmente quedó así:

ECUACIÓN DE LA IMAGEN VENDEDORA

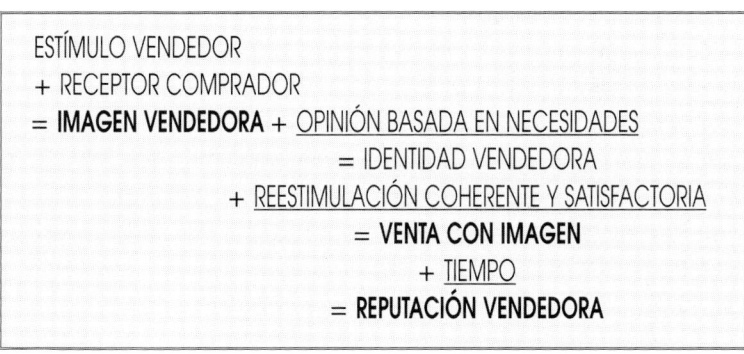

Los acompañé a la puerta, pero llegar a ella tomó un poco más de tiempo del necesario ya que, como buena mujer que visita por primera vez una casa, la vendedora fue inspeccionando todo a su paso, haciéndome algunas preguntas curiosas acerca de mis gustos o experiencias pasadas, extraídas de las fotografías que adornaban una gran mesa; al pasar por el enorme librero que contenía toda mi colección de tratados acerca de la imagen y disciplinas correlacionadas, noté que su vista se posaba en el grueso libro que estaba puesto en un atril, aparte, de manera preponderante... era el Libro de Sabiduría que El Oráculo había consultado. Ella volteó a verme con sorpresa, pasó su dedo con suavidad sobre el título, guardó silencio y se retiró con un cierto aire de complicidad.

CAPÍTULO DIEZ

El partido

*I*nvité a los vendedores al juego estelar entre los equipos de baloncesto de las eternas universidades rivales; por supuesto, se sorprendieron al escucharme, ya que jamás se imaginaron que pudiera tener con ellos una deferencia social. Nuestros asientos estaban casi al centro en la parte de abajo, así que al descender por las gradas fue imposible evitar que la vendedora fuera blanco de todas las miradas, masculinas y femeninas, y de uno que otro comentario algo subido de tono. Ni hablar, con su indumentaria se lo había ganado y ella parecía gozar con el impacto que había causado. En vez de espectadora parecía una de las porristas de los equipos. Vestía un ajustado jersey de lycra color rosa encendido de manga larga. En el pecho llevaba insertada una gran letra W negra cuya forma y colocación contribuía de manera intencional a resaltar aún más sus pechos. El top se complementaba con unos pequeñísimos shorts a rayas negras y rosas que descubrían por completo sus largas piernas. Llevaba calcetas negras y tenis de colores rosa y negro. Sólo le faltaban los pompones haciendo juego. Él decidió ponerse una *T-shirt* roja con una leyenda en inglés un poco soez, unos jeans pasados de moda y calzaba también tenis pero de los que se usan para hacer *jogging*, atuendo que se veía demodé y algo fuera de lugar para un cuarentón. "El mundo se está yendo al carajo vestido con jeans y T-shirt" pensé. Ocupamos nuestros asientos y, entre gritos del público, el juego comenzó. Las acciones eran buenas por ambos lados y el juego transcurría muy parejo. Una vez concluida la primera mitad del partido durante el descanso les invité una cerveza y un refresco y mientras bebíamos de pie les dije:

—¿Ya se fijaron en que las ventas son como el baloncesto? Un juego de percepciones muy rápido en el que se alterna la posesión del balón entre dos rivales que tratan de meterlo al aro, tal y como un comprador y un vendedor alternan sus estímulos verbales y no verbales y tratan de comprar o vender con ventaja —fui estableciendo la analogía—. Existe un árbitro, en mi ejemplo es el mercado, que puede sancionar con pérdidas a quien comete faltas; en el caso de las ventas, éstas serían cualquier acción errónea que hiciera cualquiera de las dos partes como vender caro, surtir un producto con defectos, vender con engaños o pagar mal. Los buenos jugadores de baloncesto son necesarios para que el equipo gane, son apreciados y se convierten en multimillonarios, tal como sucede con los buenos vendedores o los empresarios exitosos —entré al tema del dinero que siempre resulta atractivo y continué—. Se trata de atletas que tienen la capacidad de jugar muchos juegos por temporada, que deben ganar la gran mayoría si quieren convertirse en campeones y que siempre, siempre, están entrenando, tanto que gracias a ello logran la actuación eficaz en la cancha. ¿Vieron casi al final del tiempo cómo en medio de tanta presión el enorme jugador estrella metió fácil el balón desde la media cancha? Pues parece fácil... pero no lo es... yo invitaría a cualquiera de ustedes a que trataran de hacerlo y vivieran la gran dificultad de lograrlo. Les aseguro que se verían ridículos. La habilidad que demostró es el producto de su entrenamiento.

—Yo fui bueno para el básquet —señaló el vendedor.

—No lo dudo —dije medio ignorando su comentario y retomando el tema—... si han seguido mi analogía entre el deporte y las ventas, entonces comprenderán que también los vendedores deben entrenarse y practicar mucho. Un vendedor estrella puede hacer ver la venta como algo fácil y gozoso de practicar. Se convertirá en un elemento necesario para su empresa y será muy apreciado.

—Para eso nos invitaste, ¿verdad? —me cortó ella como decepcionada y tratándome en franca camaradería—… Para tirarnos un rollo de ventas y no para divertirnos un rato.

—Las dos cosas son posibles —intervino el vendedor dirigiéndose a ella y a manera de disculpa por su falta de tacto agregó—: El maestro tiene razón, el ejemplo es bueno y además nos está invitando —acentuó con su voz esto último.

—Relájense, no es para tanto —intervine—. Sólo les pido que durante lo que falta del partido reflexionen sobre lo que acabo de decirles y que pongan atención en las reglas del juego. Quiero que después contesten a la pregunta: ¿Qué pasaría sin ellas?

Regresamos a nuestros asientos a seguir viendo el juego y, de pronto, al ir bajando las gradas recibí un impacto visual muy fuerte. No podía ser, pero mis ojos no podían estar mintiéndome, a lo lejos creí distinguir una figura familiar. Abrí más los ojos, sacudí la cabeza y no podía creerlo… Ahí estaba de nuevo él… ¡Sí!… Era el tipo que vimos afuera de la mansión de los espejos por lo que atónito revisé cuidadosamente su aspecto: la barba blanca, los lentes de intelectual y el atípico gorro negro con las dos motas amarillas ¡Era el mismo, no había duda! El único cambio que observaba era que ahora llevaba una chamarra deportiva con el escudo de la universidad de uno de los equipos que jugaban, tal vez el de su *Alma Mater*. Me vio y sonrió discretamente. "¿Coincidencia?", me pregunté, "Y si fuera así, ¿por qué parecía sonreírme?" No pude satisfacer mis dudas pues cuando intenté acercarme a él, ya había desaparecido. Tal vez se encontraba en otro nivel del gimnasio y se había movido a su lugar. ¿Nos seguía? Y de ser así, ¿por qué?

Mi concentración en el juego se perdió y ya no pude hacer otra cosa más que pensar en el inquietante encuentro de esa noche, que decidí no comentar con los vendedores para no inquietarlos.

Al finalizar el partido los llevé a cenar a una cafetería muy iluminada que se caracterizaba por disponer de grandes mesas, requisito indispensable en el caso de que tuviera que sacar algún material de trabajo o escribir. Después de ordenar les pregunté:

—¿Analizaron las reglas del juego? —ante su asentimiento

continué—. Pues bien, no quiero que me digan cuáles son sino, como les dije, lo que me gustaría es que reflexionaran sobre qué pasaría si no existieran.

—Pues que sería el caos —contestó él con tono de obviedad—. Cada quien haría lo que querría en la cancha o abusaría del otro.

—O iría vestido como quisiera —saltó ella sin reparar en su propia peculiar manera de vestir que seguía llamando la atención ahora en un lugar fuera de contexto—, me di cuenta de que existe una forma de vestir similar para todos así como de comportamiento en la cancha que todos deben observar.

—Normas de vestir y conducta, etiqueta de vestuario y protocolos como diríamos en los terrenos de la imagen pública, "que me encargaré que algún día conozcan, pensé"... Ésos existen en todos lados, lo que pasa es que pocas veces se normalizan y se ponen por escrito como en el caso del baloncesto o de cualquier otro deporte. Piensen qué pasaría si no existieran las normas: Unos llegarían vestidos con casco y *shoulders* como en el futbol americano, otros con zapatos para jugar *soccer*, algunos jugarían con un balón en forma de ovoide y otros más no tratarían de encestar, sino de pasar la pelota por el tablero —hice una pausa para permitir que volaran sus pensamientos—. Bueno, pues así es el caso de las ventas con imagen, un nuevo juego que también deberá de tener sus reglas, sólo que en este caso las reglas no serán por imposición o diseño específico del hombre, sino que se desprenderán del propio comportamiento humano y se seguirán por la misma naturaleza del ser humano. Recuerden que detrás del juego de las ventas con imagen y de una buena imagen vendedora estará el proceso de la percepción y ése tiene unas reglas estrictas e inviolables.

—¿Y las vamos a ver ahora? —dijo ella francamente alarmada ante la posibilidad de que la diversión fuera a convertirse en instrucción.

Su actitud me turbó y me hizo dudar un poco, pues ésa era mi intención. De ahí el lugar iluminado que había seleccionado. De haber querido otra cosa habría elegido una atmósfera acogedora, más íntima, que por supuesto habría requerido otra indumentaria por parte de ella, tal vez un vestido negro, muy escotado por la espalda y...

—Te hablo... —agregó insolente, haciendo un ademán llamativo frente a mis ojos, lo que me sacó de mis pensamientos.

—No, por supuesto que no —le mentí ruborizado—. Creo que por ahora será mejor que disfruten de la ocasión, lo demás ya lo veremos muy pronto.—concluí.

Como los planes para la cena habían cambiado, me enfoqué en devorar una súper hamburguesa con una cerveza muy fría, platicar de asuntos intrascendentes pero entretenidos y en gozar de las reacciones que producía el atrevido atuendo que tenía frente a mí. "Si no puedes contra el enemigo, únetele", pensé divertido. Terminamos de cenar y pasé a dejar a cada quien a su casa, aunque debo confesar que el resto de la noche seguí pensando en el vestido escotado por la espalda. ¿Cómo se vería con él?

CAPÍTULO ONCE

Los principios
de la imagen vendedora

Pasó algún tiempo y la nueva reunión se celebró en mi oficina de la agencia ya que todas las aulas del colegio estaban ocupadas con clases y capacitación. Ellos llegaron puntuales, él instalado en la mediocridad de vestuario que no llamó mi atención, pero percibí que en ella se había operado un cambio. Noté que en esta ocasión ella se había vestido de manera discreta para sus parámetros, pero había algo más en su actitud, era algo sutil pero perceptible para alguien con sensibilidad, estaba menos dispuesta, menos fragante, menos alegre. Tal vez se sentía enferma o venía de mal humor.

Yo me había preparado muy bien para la ocasión. Mi material estaba listo y había comprado y leído algunos nuevos libros sobre ventas que venían al caso, repasado todo el proceso de la percepción desde el punto de vista psicológico y fisiológico y sacado conclusiones que serían útiles para normalizar el terreno de la imagen vendedora. Mi asistente personal ya había conectado mi lap top al proyector y dispuesto de un ligero refrigerio para los tres, así que accioné el interruptor que controlaba la pantalla y las cortinas eléctricas, bajé la intensidad de la luz y empecé a explicarles uno a uno los conceptos de lo que llamé:

LOS PRINCIPIOS
DE LA IMAGEN VENDEDORA

PRINCIPIO número 1
De lo Inevitable de la Imagen

TODO AQUELLO QUE PUEDE SER PERCIBIDO
TIENE UNA IMAGEN

—Y un vendedor no será la excepción frente a sus posibles clientes, así que todo vendedor tendrá una imagen —rematé—. Comprendan que no es un asunto en el que se tenga la facultad de escoger, por lo que aquí cabrá formular un par de cuestionamientos: si es inevitable tener una imagen, ¿no valdrá la pena empezar a pensar en cuidarla?; y, ¿podría esa imagen personal convertirse en una herramienta que ayudara a vender? Para responderlos el vendedor deberá poseer el conocimiento necesario que le permita crear una imagen vendedora y aplicar el método para usarla en la entrevista de ventas con absoluta premeditación, alevosía y ventaja. Recuerden que el juego de la imagen vendedora tiene como único objetivo provocar el deseo y la acción de compra.

PRINCIPIO número 2
De la Decisión Visual del Cliente

EL CLIENTE DECIDIRÁ MAYORITARIAMENTE
POR LOS OJOS

Deberán saber que de todos los sentidos, el de la vista es el que más influye en nuestra toma de decisiones. Piensen en ustedes como compradores y pregúntense: ¿por qué traen ese reloj, aretes, corbata, zapatos o portafolios? Pues porque los vieron en alguna tienda, se los mostraron, les gustaron y los compraron. Así de sencillo. Añadan la sabiduría popular al través de los refranes que existen y avalan este conocimiento: "De la vista nace el amor", "El que no enseña no vende", "Hay que ver para creer". Todos confirman el gran poder que tiene la vista. Es por esto que todo vendedor deberá cuidar primordialmente todo lo que se vea de él, de sus herramientas de trabajo, de sus escenarios, de su producto o servicio, pues es sabido que el cliente primero verá y después decidirá si lo que está viendo le gusta o no. Es lógico pensar que si algo le gusta entonces estará dispuesto a dar el siguiente paso en su proceso de compra. Si por el contrario, le disgusta, entonces se bloqueará y rechazará cualquier acción posterior que el vendedor desee emprender.

PRINCIPIO número 3
De la Esencia como base de la Imagen

TODO VENDEDOR DEBERÁ CREAR SU IMAGEN BASADO EN SU ESENCIA

Éste es uno de los retos más importantes que deberán enfrentar y resolver puesto que implicará reconocer su esencia para de ella desprender su imagen vendedora. Sin embargo, en mi práctica profesional como consultor en imagen pública, ha sido frecuente el encontrar que la mayoría de las personas no saben a ciencia cierta quiénes son, pues es poco usual que alguien dedique el tiempo y esfuerzo suficientes al reconocimiento interior necesario para definir su personalidad, es decir, su temperamento, carácter, principios y valores. Se trata de todo el contexto de desarrollo personal desde lo familiar hasta lo laboral, pasando por lo académico e incluso será necesario que la persona describa su autopercepción, o sea, la manera como ella se percibe a sí misma.

A estas alturas yo veía que ambos vendedores escribían un montón de apuntes y que sus gestos oscilaban entre la sorpresa por la novedad de los conocimientos y la angustia por no saber dónde adquirirlos. Tal vez por eso ella no se aguantó las ganas de interrumpir para preguntar:

—Y siendo la esencia tan importante... ¿Cómo le vamos a hacer para poder conocerla? Si no sabemos hacia dónde vamos, menos podremos conocer quiénes somos. Es algo así como la eterna incógnita del ser humano.

—Estoy seguro de que encontraremos el camino más adecuado —le contesté—, y que en su momento nos ocuparemos de la esencia en su totalidad. Por ahora no les restará más que tener paciencia —les aseguré en un tono que les infundió seguridad. Como vi que se quedaban más tranquilos, continué con la explicación.

—En el caso de que alguien desarrollara una imagen vendedora que violara su esencia, intentando aparentar una forma que no estuviera sostenida por un fondo, le ocurrirán una serie de problemas serios que valdrá la pena que conozcan desde ahora. Para empezar, la violación de la esencia por parte de la imagen ocasionará que el vendedor no sienta la convicción suficiente en los estímulos verbales y no verbales que tratará de enviar, de tal manera que la falta de convicción entorpecerá toda la comunicación. El siguiente problema que enfrentará será el de constituirse en un engaño ambulante ante los ojos del comprador al intentar aparentar algo que no es, arriesgándose a ser descubierto por el cliente y castigado con la crueldad del desprestigio al ser puesto a prueba. Además, y por si lo anterior fuera poco, al no corresponder el ser con el parecer, no existirá la coherencia en la comunicación y, por ende, jamás se obtendrá la credibilidad. Total un verdadero desastre que conducirá al fracaso como vendedores. El consejo está claro: primero reconocer su esencia para después pasar al desarrollo de la imagen vendedora que les corresponda.

PRINCIPIO número 4
De la Concordancia de los Estilos

EL ESTILO DEL VENDEDOR DEBERÁ DE CONCORDAR CON EL ESTILO DEL PRODUCTO Y DE LA EMPRESA

—El estilo es la expresión de la individualidad. La esencia que vimos en el principio anterior tenderá inexorablemente a expresarse como más le guste, como mejor se sienta, como mejor le venga al individuo que esté tratando de expresarse ante los demás. Esa expresión única que partirá de la esencia del vendedor deberá ser reconocida mediante la definición de su estilo. Para el caso de una venta con imagen la situación se complicará un poco más, ya que el estilo del vendedor deberá concordar con el estilo del producto y de la empresa para la que trabaja, de tal manera que se dé el autoconvencimiento acerca de lo que está haciendo y ofreciendo, pues de lo contrario… ¿Cómo podría un vendedor hacer que le compraran algo en lo que él no cree, o no le gusta? Los clientes no son tontos y perciben cuando algo en el interior del vendedor no está bien.

El vendedor me hizo un ademán inhibidor de la comunicación intentando detener mi exposición por lo que le concedí la palabra y me dijo:

—¿Y qué pasaría si no se diera tal concordancia?

—La acción de compraventa se complicaría muchísimo. El vendedor no estaría seguro de lo que está vendiendo, no traería bien puesta la camiseta de la empresa; en pocas palabras, no creería en lo que está haciendo.

—Aquí me está diciendo algo que ya viví —me contestó—, y se siente muy feo. Es como si uno estuviera haciendo algo por obligación, tal vez siguiendo una receta aprendida en seminarios, pero sabiendo que al final de cuentas las cosas no se darán positivamente, aunque uno se esfuerce a morir.

—Así es, tú sentías que no podías aunque querías, ¿verdad? —él asintió—. Pues recuerden entonces que un vendedor no deberá intentar vender cualquier cosa para cualquier empresa, sino lo que deba ser para quien deba ser de acuerdo a la compatibilidad de estilos entre el vendedor, su empresa y el producto que ofrece —concluí para ambos.

PRINCIPIO número 5
Del Estilo del Comprador

UN VENDEDOR DEBERÁ RECONOCER
EL ESTILO DEL COMPRADOR
PARA PODER FACILITAR SU COMPRA

—Un momento —interrumpió ella sin dejarme iniciar la explicación—, ya es suficiente con no saber cómo hacer para que concuerden los estilos del principio anterior como para además saber qué estilo tiene el cliente… ¿Cómo vamos a hacer eso? —terminó angustiada.

—Todo lo veremos en su momento —la tranquilicé—. Créanme que ustedes van a ser capaces de eso y más. Por ahora sepan que hay siete diferentes estilos de comprador y cada uno va a reaccionar de manera distinta ante los estímulos verbales y no verbales que les envíen. Sólo deseo que se queden con la idea de que si ustedes son capaces de determinar el estilo de su comprador estarán en ventaja sobre él, pues podrán conocer la expresión de su esencia y recibir información no verbal de su parte. Esto les permitirá guiar mucho mejor su entrevista de venta y la demostración del producto o servicio. Conocer el estilo del comprador les ahorrará esfuerzos innecesarios tratando de convencer a alguien cuya naturaleza podría rechazar algo porque simplemente "no va con él".

PRINCIPIO número 6
De la Primera Impresión

EL VENDEDOR SÓLO TENDRÁ
UNA SOLA OPORTUNIDAD PARA CAUSAR
UNA BUENA PRIMERA IMPRESIÓN

—Los científicos no se ponen de acuerdo puesto que hay quien dice que cuando percibimos algo, su proceso evaluatorio tomará unos cinco segundos, otros manifiestan que ocho y algunos se van hasta los doce segundos. Para el caso que nos ocupa, creo que esas diferencias tienen poca importancia. Lo que es importante comprender es que una vez que seamos percibidos y se desencadene el proceso de comprender la información que se está recabando, el comprador será capaz de decidir con gran rapidez si lo que percibe le gusta o no, si el vendedor es bueno o no, y entonces prejuzgará todo lo que siga. Por esa misma razón también interpondrá o no objeciones de compra, esas que tantos escritos han generado acerca de cómo deben de manejarse. Esto sucede porque el cliente potencial rápidamente procesará la información que nosotros le enviemos de manera verbal y, sobre todo, no verbal y la comparará con la información que ha acumulado en sus experiencias anteriores y emitirá su juicio de valor de manera *a priori*, es decir, antes de examinar el asunto de que se trata. Es así como se dan los prejuicios del comprador que tanto trabajo cuestan enfrentar. De ahí la gran importancia que tendrá el que ustedes lleven producida una cuidada imagen vendedora, puesto que sólo tendrán una sola oportunidad para crear una buena primera impresión.

PRINCIPIO número 7
Del Sentimentalismo de la Compra

EL COMPRADOR DECIDIRÁ SU ACCIÓN DE COMPRA BASADO MAYORITARIAMENTE EN SENTIMIENTOS

—El principio sentimental de actuación humana está más que demostrado. Existe una gran cantidad de estudios que los científicos han realizado en torno del uso de la inteligencia emocional que todos hacemos en torno a la mayoría de nuestras decisiones y la conclusión que sacan es que siempre nos dejaremos guiar más por el corazón que por el cerebro. Concretamente, el estudio de una centenaria universidad realizado entre miles de compradores para determinar las proporciones en que la emoción y la lógica intervienen en las decisiones de compra, arrojó que 84% de ellas se basan en la emoción.

Lo que un vendedor haga sentir al comprador durante la entrevista de ventas será determinante para detonar el deseo y la acción de compra. Piensen en las veces que han comprado algo y contesten con sinceridad: ¿Cuántas veces se han llevado algo que no necesitaban? ¿Cuántas veces se han arrepentido de haber gastado más de lo necesario?... Muchas, ¿verdad?... Si la compra fuera racional eso jamás les hubiera pasado. Lo que sucede es que la mente racional necesita más tiempo para la reflexión profunda y el frío análisis de la información recabada en pro y en contra de un asunto, eso implicará un esfuerzo mayor que difícilmente el ser humano estará dispuesto a realizar. De hecho, los expertos dicen que sólo usaremos la inteligencia racional en la toma de decisiones muy importantes, como un cambio de domicilio, de trabajo o de estado civil. En cambio, usar la mente emocional es más fácil porque decide más rápido, con un alto índice de certeza que no pasa por la conciencia, sin ponerse a reflexionar sobre el qué o por qué está haciendo algo.

Hice una pausa y dije a los vendedores:

una imagen vendedora trataremos siempre de evitar caer en criterios axiológicos, es decir, de basarnos en principios de carácter moral para opinar que una imagen es "buena o mala". Aquí no se trata de juzgar a los demás cual si fuéramos tribunal de la Santa Inquisición, no... de lo que se trata es de evaluar si la imagen que estamos observando es o no eficaz. Para nosotros, una buena imagen vendedora será aquella que cumpla con el objetivo de provocar la acción de compra. Por el contrario, si la imagen de un vendedor se levanta como un obstáculo para lograr dicho objetivo, entonces se calificará de mala. ¿Está claro? —pregunté, pero ella negó con la cabeza.

—Todo eso está muy bien, pero vamos al grano. Tú dijiste que hay una clave maestra para saber cómo debe ser la imagen de cada vendedor y quiero saberla —me espetó la vendedora en un tono que me pareció falto de respeto, pero decidí por ahora ignorarla y seguir con mi exposición. Ya habría oportunidad de ponerla en su lugar.

—El objetivo a lograr está claro: Hacer que les compren, así que cada vendedor deberá de implementar la imagen que le corresponda de acuerdo con una serie de factores adicionales que la determinarán, la delimitarán y la harán más eficaz.

Esos factores son los siguientes:

- La Esencia.
- El Tipo de Venta y Producto.
- Las Necesidades del Comprador.

Veamos cada uno por separado:

La Esencia. Su importancia quedó explicada en el principio número tres. Sólo quiero que recuerden que toda imagen vendedora se basará en la esencia del vendedor, por lo que cada individuo deberá de crear para sí la imagen que mejor vaya con su personalidad, con su estilo. La advertencia es clara: si se intenta parecer lo que no se es, se corre el riesgo de convertirse en un fraude ambulante. Por el contrario, ser sin parecer carecerá de credibilidad.

El Tipo de Venta y Producto. Existen muchos tipos diferentes de ventas y muchos más de productos, lo que producirá una serie enorme de combinaciones relativas. Veamos algunos ejemplos: ventas al menudeo, al mayoreo, de alto nivel, puerta por puerta, de productos intangibles, de productos perecederos, de productos de consumo duradero, de bienes de capital, de bienes raíces, de empresas completas, y aquí podrían aumentar la lista tanto como ustedes quisieran. Es lógico pensar que no será lo mismo vender maquinaria que seguros o casas; vender asesoría contable que servicio de limpieza de ropa o de diseño de interiores; atender pequeños comercios que grandes inversionistas; recibir clientes en una tienda que salir a buscarlos, ya sea casa por casa o empresa por empresa. Pues bien, la imagen que deberá tener el vendedor dedicado a cualquier tipo de venta de cualquier producto específico será aquella que favorezca el hacer que le compren, dependiendo de cada caso.

—Todo está muy bien. Pero, ¿cómo saber cuál debe ser? Tendría que darnos una guía de cómo construir una imagen vendedora en cada rubro —preguntó el vendedor.

—Eso sería prácticamente imposible, pero podemos establecer un criterio que se pueda aplicar a todos. Creo que para ello mucho ayudará que conozcamos el siguiente y último factor de la relatividad:

Las Necesidades del Comprador. Las necesidades del comprador serán determinantes de la imagen que deberá implementar el vendedor en cada caso; sin embargo, las necesidades de los compradores de ropa en un centro comercial serán diferentes de las de los compradores de maquinaria desde su escritorio o de las de los inversionistas que buscan ahorrar en una casa de bolsa, es por ello que voy a darles el mejor consejo para guiar la creación de su imagen vendedora: Sean camaleones… ¡Mimetícense!

El mimetismo consiste en adoptar como propios la apariencia y el comportamiento ajenos. Si aplican el concepto a su imagen, lo que deberán hacer es imitar la apariencia y el comportamiento de aquellos que serán sus clientes. De esta manera, un vendedor de autos *premium* o de bienes raíces en zonas de alto nivel, tendrá que buscar la manera de vestir y comportarse parecida a la de sus clientes; lo mismo tendrá que hacer el vendedor que atienda en una boutique de ropa para jóvenes o la vendedora de cosméticos que visite los hogares de mujeres de clase media-baja. Cada quien deberá adoptar los códigos de comunicación verbal y no verbal que más se parezcan a los de sus clientes potenciales de acuerdo con su nivel socioeconómico, cultural y social.

—Perdóname pero yo no imito a nadie —señaló ella con reticencia—, siempre me he distinguido por ser original.

Por el tono confirmé que su actitud no era buena el día de hoy.

—Y eso es muy respetable, porque es precisamente tu esencia y su expresión, es decir, tu estilo. Sin embargo el estilo deberá adaptarse a las necesidades de tus clientes si es que quieres despertar en ellos una beneficiosa identificación, de lo contrario correrías el riesgo de hacerlos sentir desconfiados o despertarías suspicacias que sólo entorpecerían su deseo y acción de compra. ¿Recuerdas que te quejabas de haber atendido muchos clientes sin haberles vendido? ¿No crees que tal vez tu manera de ser, tu conducta y tu apariencia desviaban la intención de compra de tus clientes potenciales? Deja de pensar que eres perfecta y busca por ahí una de las posibles causas de tu bajo rendimiento como vendedora. —le dije con tal contundencia que sólo me faltó decir *touché* antes de enunciar el siguiente consejo: Conócete a ti mismo y reconoce a tu cliente.

PRINCIPIO número 12
De la Maleabilidad de la Imagen Vendedora

LA IMAGEN VENDEDORA ES MALEABLE

—La imagen no es un producto estático, absoluto o rígido y esto quiere decir que la imagen vendedora podrá ser dinámica y por

lo tanto transformarse, adaptarse, evolucionar o cambiar conforme lo hagan los factores que integran su relatividad. Lo único que
deberán cuidar cuando su imagen evolucione es que permanezca
fiel a su esencia, que siga cumpliendo con la relación venta-
producto y satisfaciendo las necesidades del comprador.

—¿Nos podrá poner un ejemplo? —preguntó oportuno el
vendedor.

—Claro que sí. De hecho voy a darte uno que involucre
los principios de relatividad y maleabilidad. Imaginemos que tú
ya tuvieras definida tu esencia y que supieras que se expresa al
través del estilo tradicional. Imaginemos que el objetivo a lograr
sea el vender seguros a empresas y que tus clientes necesitan que
los visites en sus domicilios. Para lograr una venta con imagen,
primero deberás conocer lo más que puedas a la empresa a la
que acudirás y al individuo que te atenderá, para ello deberás
preguntarte: ¿Cómo son ellos? ¿Cómo se comportan? ¿Cuáles son
sus normas de conducta y apariencia? ¿Qué necesidades tienen?

—Pero eso en ningún lado estará escrito —objetó.

—Claro que sí, siempre podrás hacer una visita previa y
solicitar el manual de fundamentos de la empresa, de hecho
muchas ya lo tienen publicado en Internet. En la misma investigación, solicita todos los datos que estén disponibles para sus
clientes. Posteriormente, estudiarás todo con detenimiento y
escribirás las deducciones que te ayuden a definirla lo mejor
posible. Un problema que vas a encontrar es que 95 de cada 100
empresas no tienen manual de fundamentos. Por ello, siguiendo
la regla que te da el principio número nueve, preguntarás lo más
que puedas y observarás con detenimiento todo lo que rodee a tu
cliente potencial, de tal manera que puedas definir el escenario en
el que trabajarás. Una vez que hayas hecho tu tarea, prepararás tu
estrategia de estimulación verbal y no verbal de acuerdo con el
producto que ofrecerás y cuidarás su coherencia. Procurarás
mimetizarte con tu comprador potencial. Harás tu presentación
y escucharás con la vista y el oído, recabarás información y satis-
farás las necesidades o dudas que detectes, después negociarás
y finalmente, si todo marcha bien, lograrás que te compren.

—Siento que me falta mucho para lograrlo.

—Y tienes razón, pero también te falta mucho por aprender. Por ahora conformémonos con lo que tenemos y sigamos con el ejemplo hipotético. Ahora viene la maleabilidad de la imagen vendedora. Imagina que cambiaras de trabajo y ahora fueras el gerente de una tienda de electrodomésticos en un centro comercial. Tu imagen necesariamente tendrá que evolucionar pues ahora se trata de otro tipo de empresa, otros productos y otra clase de compradores, por lo que repetirás el proceso, cambiarás pero jamás traicionando tu esencia. ¿Está más claro? —sus gestos me dijeron que sí por lo que cerré con el siguiente consejo: podrás adaptarte pero jamás traicionarte.

PRINCIPIO número 13
De la Coherencia

EL RESULTADO DE UNA VENTA CON IMAGEN DEPENDERÁ DE LA COHERENCIA DE LOS ESTÍMULOS QUE SE EMITAN

—Una imagen vendedora deberá verse como el producto de un conjunto de estímulos que necesitarán ser coherentes para facilitar el entendimiento del comprador potencial. La incoherencia entre lo verbal y lo no verbal invariablemente producirá confusión y ante ella la respuesta será el rechazo. No te comprarán porque no te entendieron. Porque tu incoherencia les causó inseguridad y de ahí desconfianza, no porque no necesitaran el producto o porque no les hubiera gustado, no. Simplemente porque no pudieron descifrarte y decidieron buscar a alguien mejor que tú. Así que el consejo que se desprende de este principio será: Cuida que lo que hagas sea coherente con lo que dices.

Principio número 14
De la Eficacia de la Imagen Vendedora

A MEJOR IMAGEN VENDEDORA MÁS VENTAS

—La imagen vendedora ejercerá un gran poder de influencia sobre el comprador. Poseer una buena imagen vendedora reportará entre otros beneficios: incremento en la seguridad en sí mismos, aumento en el nivel de confianza transmitida y lo que es más importante: la consecución de la credibilidad. Entonces, si el comprador les cree, les comprará. La imagen vendedora optimizará su actuación general en un mercado muy competido, por lo que deberán procurarla como un valor agregado a su persona, a su empresa, a su producto, lo que se traduce en la posesión de un arma poderosa para lograr convencer a alguien de que haga algo, de que les otorgue lo que están solicitando. Cuiden su imagen, venderán más.

PRINCIPIO número 15
De la Compra por la Imagen Vendedora

EN CIRCUNSTANCIAS DE IGUALDAD
LA IMAGEN VENDEDORA MARCARÁ LA DIFERENCIA

—Supongamos que estamos frente a un caso de igualdad de productos. Sus precios son similares y su calidad también. Ambos tienen el respaldo de marcas de prestigio y sus respectivos vendedores se esfuerzan en dar buen servicio. ¿Cuál creen que el comprador escogerá?... La respuesta es... El que a él le parezca mejor. ¡El que le haya gustado más! Así de simple, pero también de difícil de lograr.

El gusto es algo muy subjetivo y definirlo es materia muy difícil. Si recurrimos al diccionario, encontraremos que es el placer o deleite que se experimenta con algún motivo o se recibe de cualquier cosa y que marcará la manera de apreciar de cada persona. Provocar el gusto del comprador necesita entonces motivos, cosas que produzcan su placer o deleite y por ello afirmo que esas cosas se aparejan a los estímulos que van a conformar una buena imagen vendedora. El comprador identificará aquello que le gusta como bueno y por el contrario, lo que le disgusta como malo. Entonces deberán enfocarse en producir una imagen vendedora para gustar.

En mercados de competencia múltiple y despiadada, la imagen vendedora cobrará todavía más importancia como elemento diferenciador, como causante de la preferencia guiada por el gusto del comprador. Factores, entre otros, como el diseño del producto, el nombre, la etiqueta, el empaque, el color, el catálogo, la página Web, la imagen física del vendedor, sus protocolos, su tarjeta de presentación, el diseño de los espacios de exhibición y hasta el aroma serán de gran importancia y deberán estar muy cuidados, ya que juntos conformarán la percepción del cliente potencial y predeterminarán su gusto. En la lucha feroz por el gusto del comprador todo cuenta y no deberán jamás de desdeñar algo aparentemente sin importancia. Recuerden que en el proceso de estimulación del comprador cada elemento le hablará y que es el conjunto de estímulos bien producidos lo que conformará la buena imagen vendedora.

PRINCIPIO número 16
De la Metodología

LA CREACIÓN DE UNA IMAGEN VENDEDORA
NECESITARÁ DE UNA METODOLOGÍA

—La creación de su imagen para vender deberá dejar fuera los gustos y los caprichos personales. No es un asunto de inspiración ni un juego de modas pasajeras, la adquisición de una imagen vendedora será producto de un sistema de trabajo que deberá hacerse siempre igual, de tal manera que evite desviaciones. Una metodología es un modo de hacer con orden algo; si además lo que vas a hacer tiene cierto grado de dificultad, lo complicado se presentará con sencillez. De aquí desprendo mi consejo para este principio: para crear tu imagen vendedora, sigue un sistema, te equivocarás menos.

PRINCIPIO número 17
De la Permeabilidad entre Imágenes

LA IMAGEN DEL VENDEDOR PERMEARÁ EN EL PRODUCTO Y EN LA EMPRESA, Y VICEVERSA

—Esto quiere decir que la manera como el vendedor sea percibido, bien o mal, afectará necesariamente la imagen del producto que ofrece y a la empresa para la que trabaja. Lo peculiar del principio reside en que el fenómeno se repetirá de regreso: la imagen de la empresa y del producto afectarán la imagen del vendedor. El vendedor debe estar consciente de que cada vez que actúe en representación de su empresa, ¡Él será La Empresa! Así que cualquier error de su parte o de alguno de los elementos que constituyan su presentación afectará a la compañía que lo tiene bajo contrato. Por el contrario, el prestigio que haya ganado una empresa o un producto, para bien o para mal, ocasionará que de entrada el vendedor sea percibido de la misma manera. Creo que con esta información les será fácil deducir que un vendedor deberá tratar de asociarse con la imagen de una empresa sólida y un producto de buena calidad, pues él será considerado en igualdad de circunstancias. Con estos antecedentes... ¿Qué creen que pasaría si el vendedor es malo y el producto bueno? —volví a incluir a los vendedores en la explicación.

Sin abandonar su mal humor, la vendedora contestó:

—Pues que el cliente cambiará de tienda y buscará lo mismo pero en otro lado.

—Eso si el producto se vende en varios establecimientos, pero si el producto fuera exclusivo, ¿qué pasaría? —insistí.

—Pues entonces el comprador se enojaría tanto que seguramente pondría una queja, o se saldría sin comprar.

—Yo más bien creo que lo primero, porque si necesita el producto no se va a ir sin él —terció el vendedor.

—Cualquiera de las dos situaciones habrá afectado la reputación de la empresa y puesto en entredicho el futuro del vendedor —aseguré—. Si la queja se presenta, algún jefe tomará las riendas del caso, se disculpará con el cliente y relegará de la operación al vendedor acusado, que posteriormente será reprendido si no es que despedido. Si se retirara sin comprar, el cliente frustrado se encargará de decir a todo el que encuentre a su paso que la empresa ya no es la misma de antes, que ahora su personal es de ínfima calidad y que cambiará de proveedor o de producto, y así se habrá producido un menoscabo a la reputación de la empresa que tanto trabajo costó construir. Se calcula que un cliente insatisfecho produce una ola expansiva de más de veinte desacreditaciones. Así que recuerden: una mala imagen vendedora daña mucho más que al simple vendedor.

Y finalmente:

Principio número 18
De la Imagen Postventa

LA IMAGEN VENDEDORA DEBERÁ CONSERVARSE DESPUÉS DE LA COMPRA

—El principal error que cometen los vendedores no sucede durante la venta misma sino después de ella, y consiste en abandonar al comprador a su suerte después de concluida la operación. Un verdadero profesional, cuidadoso de su imagen vendedora, cultiva a su cliente aún tiempo después de haberle vendido, haciéndose presente de muchas maneras: a corto plazo para revisar si la calidad del producto satisfizo la expectativa que su buena labor de convencimiento despertó; para realizar una breve pero valiosa encuesta de servicio que permita al vendedor detectar áreas de oportunidad, si todo salió bien; para solicitar su testimonial de calidad que pueda esgrimirse como arma de convencimiento en futuras operaciones con otros clientes; y lo mejor de todo: para solicitar recomendaciones que puedan visitarse usando el nombre del comprador satisfecho para abrir las puertas. A mediano plazo, haciendo una llamada telefónica de saludo personal con el pretexto del cumpleaños u otra fecha significativa o para ofrecer artículos o servicios complementarios; y a largo plazo, para indagar si se desea realizar una nueva compra. Es evidente que el cumplimiento de este principio implica una buena capacidad de organización y la construcción de una buena base de datos que se convertirá en la mejor herramienta de venta. Una venta con imagen nunca termina, y una buena imagen vendedora se convierte en el mejor anzuelo para mantener al comprador leal al vendedor, a la empresa, la marca y el producto. Cierro como en todos los casos con un consejo: recuerden que siempre será más fácil volver a vender a un cliente satisfecho que empezar de cero con un comprador potencial y eso sólo será posible dejando en el cliente una buena imagen vendedora.

CAPÍTULO DOCE

El berrinche

Por fin habíamos terminado la larga sesión y anochecía. Habían sido varias horas de trabajo que ameritaban un corte para comer en el que la vendedora estuvo inusualmente callada. Yo no le había prestado la menor atención, así que me dediqué a platicar la mayor parte del tiempo con el vendedor. El resto de la sesión había transcurrido con los detalles de comportamiento de parte de ella que ya todos conocemos, por lo que no me sorprendió que al retirarnos ella me dijera que quería hablar conmigo un momento, pero a solas. Fue tal su énfasis en este último punto y su mirada tan decidida hacia el vendedor, que a él no le quedó más remedio que despedirse y pedir un taxi.

Para escucharla decidí cambiar el escenario y disfrutar del silencio y calidez que nos brindaría el salón de visitantes distinguidos donde la había recibido por primera vez. Se sentó con los pies hacia adentro, inclinada hacia adelante y las manos entre las rodillas. Yo leí su lenguaje corporal y deduje que no se encontraba bien. "¿Dónde había quedado la mujer glamorosa que gustaba de cruzar las piernas con gran seguridad al estilo de actriz de *thriller* erótico?", pensé. Para animarla un poco, le ofrecí café capuccino y unas galletitas de mantequilla deliciosas que rechazó con un ademán de hastío. Muy extrañado por su conducta antisocial, no aguanté más la curiosidad y le pregunté:

—¿Qué sucede? Recuerdo que te gustan las galletas con buen café, no olvido con cuánta fruición las comiste en mi casa y éstas… ¡Mmm!… son especialmente deliciosas —le dije mientras saboreaba una, omitiendo que habían sido regalo de mujer bonita.

—No tengo hambre y además no sé lo que es *fruición*, ni me importa —me contestó como niña adolescente en su primer desengaño amoroso.

—*Fruición* es un goce muy intenso y, respecto a las galletas, peor para ti, ya sabes que "Entre menos burros más olotes".

—dije sarcásticamente comiéndome otra galleta e imaginando que ahora me echaría en cara no saber qué eran los olotes a los que aludía el refrán.

—¿Qué te hice para que me trates así, eh? —dijo arrastrando la última palabra—. Te la has pasado insultándome todo el día.

—¿Insultándote? —salté en medio de un trago de capuccino.

—Por supuesto, en la comida no me hiciste caso, después me dijiste que me creía perfecta y que mi conducta alejaba a las personas y ahora para rematar me dices burra —y alargó la letra U tanto que creí que iba a llorar.

—Creo que estás confundida. Por un lado creo que tu tono de reclamación está fuera de lugar y, por el otro, nada ganaría con insultarte, lo que el refrán quiere decir…

—Al diablo con el refrán. Es evidente que hoy no te gusté y que la traes contra mí.

—Bueno, también es evidente que hoy vienes diferente, tu estado de ánimo, tu actitud, hasta tu modo de vestir hoy, fue algo… diferente —me di cuenta de que mi tono dubitativo podría significar mal.

—Qué… ¿Me vestí pésimo? —alargó la O—. Ya mejor dime que no sirvo para nada, ¿no?

Alzó tanto la voz que consideré cortar por lo sano antes que siguiera acelerándose. Dejé mi capuccino y me puse repentinamente de pie.

—Mire, señorita, creo que esta discusión no tiene ningún sentido y prefiero darla por terminada —mi cambio de tono y el hablarle de usted surtieron efecto, por lo que se produjo en ella una reacción catártica que la impulsó al llanto.

—Lo que me faltaba… hoy veo que nadie me quiere —dijo con angustia y desesperación.

Era evidente que detrás de esas palabras algo más estaba sucediendo por lo que decidí no engancharme en la discusión y guardar silencio. Para llenar el espacio, mientras lloraba desconsolada caminé al humidor por un puro, lo encendí y tras una larga fumada que me supo a gloria, regresé junto a ella en el sofá y le dije de manera asertiva:

—Hoy nadie te quiso.

—No, hoy todo me ha salido mal —bingo... Nunca fallaba el escuchar activamente.

—Cuéntame qué te pasó —le dije suavemente mientras le sobaba con delicadeza un hombro a manera de condolencia y consuelo.

—Resulta que... en la mañana mi papá habló conmigo y me dijo que ya estaba harto de ver que no hago algo por conseguir trabajo y que eso de estar perdiendo el tiempo dizque yendo a clases no va con su manera de pensar, que ya estaba grandecita —sorbió, hizo una pausa, abrió su fina bolsa de mano, sacó un pañuelo desechable, se sonó ruidosamente y continuó—. Entonces me amenazó diciéndome que saliera a buscar empleo de lo que fuera o ya no me iba a dar la ayuda económica que me venía dando, así que ahora, ¿cómo voy a pagar la renta y la mensualidad de mi coche? Para colmo me peleé con mi novio con quien llevaba tres meses saliendo, me dijo que era insoportable y que no quería volver a verme... y después tú... perdón... usted me ha dicho todo lo que me dijo y... —se soltó nuevamente a llorar.

—¿Es eso todo? —traté de aligerar el tono del drama que estaba presenciando.

—¿Le parece poco?

—No precisamente, pero tampoco creo que sea un problema sin solución —volví a sobar su hombro—. Lo mejor será que te vayas a tu casa a descansar ya que por ahora no hay nada más que hacer. Mañana se verán las cosas con más claridad.

Ella asintió con resignación y me dio las gracias. Creí conveniente no apresurarla, darle todo el tiempo que quisiera hasta que se tranquilizara y no retirarle la ayuda, así que la acompañé hasta la puerta del auto. Al despedirme le dije que seguía contando conmigo, que no se desesperara. Ella correspondió con un beso húmedo en la mejilla, subió a su coche y, dándome nuevamente las gracias, arrancó. Después de que partió tuve el presentimiento de que la solución a sus problemas vendría a su encuentro. Todo era cuestión de que dejara de buscar.

CAPÍTULO TRECE

El filósofo y la esencia

Después de un par de días de silencio, los cuales dediqué a la impartición de sendos seminarios en diferentes áreas de la imagen pública, por fin tuve noticias de ella. Me habló por teléfono para decirme que no nos veríamos en al menos una semana, que partiría a un encuentro con ella misma para tratar de hacer una introspección que le permitiera ubicarse como persona. Yo no tuve que hacer más que desearle el mejor de los éxitos y decirle que aprovecharía el tiempo en preparar las cosas que veríamos a su regreso.

Después me enteraría que se había ido sola a un pequeño hotel enclavado en un bosque a escasas dos horas de la ciudad. El lugar era encantador, rodeado de árboles y grandes extensiones de tierra en la que abundaba la flora y la fauna, pero lo que más había era silencio. Nada de televisión ni Internet, vaya ni siquiera de radio. El escenario era justo el adecuado para pensar y si era necesario, también orar, aunque ella debió reconocer que hacía mucho tiempo que no lo hacía. El lugar contaba con un pequeño comedor construido de madera, así como con chimenea, y esto le daba una atmósfera de gran calidez al lugar. La hora de los alimentos era estricta así que después de registrarse, inmediatamente bajó a comer. Eran en total ocho comensales, un matrimonio maduro, una pareja de turistas que viajaban juntos, tal vez recién casados, un hombre mayor, dos hombres jóvenes con aspecto de leñadores y ella. Por un momento pensó qué demonios estaba haciendo ahí, pero ante las sonrisas de todos y la hospitalidad del dueño del lugar, que también era el anfitrión del restorán, decidió sentarse con el matrimonio que le fue debidamente presentado. La comida transcurrió sin sobresaltos entre conversaciones que mezclaban un poco la vida de ellos y las interrogaciones acerca del motivo por el que una mujer tan joven y guapa estaba viajando sola. Cuando ella develó un poco su propósito, ellos de inmediato le ofrecieron su ayuda, aunque no sin antes reconocer que su experiencia en ese tipo de problemas no era mucha ya que no habían tenido hijos. Sin embargo, atrajeron su atención hacia el otro comensal que también viajaba solo, pero que era huésped asiduo del hotel, así que decidieron invitarlo a su mesa para tomar el café.

El hombre resultó ser un filósofo práctico aplicado a la consulta y un prestigioso catedrático de una gran universidad, quien pronto le explicó que su trabajo consistía en ayudar a las personas a desarrollar formas productivas de ver el mundo y por consiguiente a trazar un plan general de actuación en la vida cotidiana. Los ojos de la vendedora brillaron más que nunca y aprovechó que amablemente el matrimonio le había explicado al filósofo cuál era su búsqueda para preguntarle si podían verse ese mismo día por la tarde, a lo cual él accedió gustoso.

Una hora después se instalaron en una pequeña mesa con sillas cómodas ubicada en la terraza posterior que daba al bosque. El clima era muy agradable, el entorno inspiraba a la plática en confianza y ella ardía en deseos de que alguien la ayudara. La oportunidad era única. El filósofo empezó por preguntarle cuál era su problema. Ella lo definió con toda claridad, no en balde lo había repetido tantas veces. Acto seguido le preguntó si tenía identificadas las emociones que ese problema le producía, a lo que ella contestó:

—Creo que sí. Bueno... más o menos —dudó, pensó un poco y se sinceró por primera vez—. Siento angustia, miedo y frustración, mucha frustración ante la imposibilidad de poder demostrar lo que valgo, sobre todo a mi familia y a mí misma.

—No está mal —le dijo él—, veo que no empezamos de cero; sepa que esos sentimientos y deseos son un mal general de la vida laboral moderna, pero la mayoría de las personas tardan un poco más en definir su problema y las emociones que éste les causa; en su caso observo un gran avance.

—Bueno, es que llevo ya algún tiempo yendo a ver a otra persona que me está ayudando —se justificó y creyó ver que el filósofo asentía como si ya lo supiera o lo diera por hecho.

—Bien, mi siguiente pregunta sería: ¿qué opciones tiene para resolver su problema? Piense bien, pues su respuesta me servirá para pasar a la etapa del análisis —hizo una pausa para dejar que ella pensara y poder limpiar sus pequeños lentes redondos típicos de un intelectual.

—No muchas. Pueden ser dejar mis estudios especiales y buscar un trabajo, aunque no fuera en las ventas; sin embargo, estoy convencida de que sirvo para ellas, por lo que no me gustaría dejarlas. Si quiero seguir en las ventas tengo que seguir preparándome y creo haber descubierto un camino novedoso de aprendizaje que además no me está costando dinero. Por otro lado, tengo también la opción de regresar a vivir con mis padres, pero sería tanto como renunciar a mi capacidad productora y a mi libertad. De todas creo que la segunda es la mejor.

—Estupendo, vamos muy bien y aprecio que además de bella sea inteligente —lo dijo como si fueran dos cualidades generalmente reñidas en una mujer, por lo que ella prefirió fingir sordera—. Ahora procedamos a contemplar su situación en conjunto, a integrar todas las etapas de su problema para manejarlas —volteó a ver el bosque y añadió—, es como si en vez de detener la vista en un árbol específico, procediéramos a ver todo el bosque, toda su situación de manera integral: el problema, las emociones que le provoca, las opciones de solución al respecto y entonces podremos considerar métodos, sistemas y enfoques filosóficos para abordar la situación que le afecta en su globalidad.

—Lo tengo claro —dijo ella deseando confirmar el concepto de la belleza con inteligencia—. Quiero vender, quiero seguir con mi capacitación en ventas con imagen, necesito conseguir dinero sin trabajar y sin renunciar a mi libertad y falta un elemento: quiero descubrir quién soy.

—Nada más, ni nada menos. La eterna pregunta del ser humano. ¿Hasta cuándo se quedará en este lugar?

—Hasta que terminemos. ¿Y usted?

—Bueno, mi agenda no está tan abierta, pero intentaré dejarla satisfecha, ¿correcto? Sugiero que nos retiremos un poco a contemplar el caso. Mañana intentaré aportar algo de filosofía práctica de manera que cuando nos despidamos sepa encontrar la posible solución a su problema.

Ambos se reencontraron en la cena con los mismos comensales a excepción de los dos leñadores, que por lo visto eran trabajadores de paso por el lugar. No hubo ninguna conversación que trascendiera más allá de la plática insustancial, así que la cena transcurrió rápido y ella se fue a dormir, que mucho lo necesitaba.

Al día siguiente se quedaron de ver en la misma terraza después de desayunar, ella llevaba el cabello recogido en una cola de caballo, casi no traía maquillaje e iba vestida con unos shorts caqui, top elástico de algodón rojo y tenis sin calcetines. El filósofo lucía recién bañado y era notorio que había arreglado su blanca barba recortándola bastante, "para verse más limpio", había dicho y fue él quien inició la plática.

—Bien… Es interesante plantear de inicio la pregunta con la que cerramos ayer, ¿quién soy? Desde los antiguos filósofos esa incógnita siempre ha sido un motivo de reflexión junto con: ¿Por qué estoy aquí? ¿En qué consiste la vida? No son preguntas fáciles y sus respuestas tampoco lo son, de lo contrario no seguiríamos dándoles vueltas una y otra vez. Los antiguos nos han legado mucho conocimiento milenario y debemos aprovecharlo, tomando en cuenta que la filosofía es también algo personal basado en las propias creencias; así que si lo que quiere es encontrar una forma de descubrirse e interpretar la vida, va a tener que pensar.

—Creo que puedo hacerlo. ¿No me lo dijo usted ayer? —coqueteó un poco.

—Pensar y esforzarse para resolver por sí sola su problema, yo sólo propondré una guía —dijo sin acusar recibo—. El objetivo de abordar desde una perspectiva filosófica el asunto que le atañe, es obtener una forma duradera de hacer frente a este y a cualquier otro obstáculo que enfrente usted en la vida. El problema es que debemos primero encontrar la tranquilidad de pensamiento, la paz del espíritu, pues somos especialmente vulnerables cuando andamos escasos de fe o confianza. Es así que nos convertimos en el principal obstáculo a la solución de nuestros problemas. La vida es de por sí estresante y complicada pero no tiene usted por qué vivirla con miedo, angustiada o frustrada —dijo demostrando su buena memoria y capacidad de atención pues eran justo los tres sentimientos que ella había señalado el día anterior.

—Y esa tranquilidad de espíritu, ¿cómo se logra?

—Observando, definiendo, analizando, sintiendo y aceptando todo cuanto le vaya ocurriendo en la vida. Mucho le ayudará adquirir unos cuantos principios filosóficos generales que le ayudarán en su forma de reaccionar frente a los problemas para siempre. Es lógico que no todos los problemas tengan solución, pero aun en esos casos extremos aprenderá a seguir con su vida de manera armónica. ¿Qué le parece entonces si trabajamos en dos líneas? La esencia, y los principios filosóficos; y que tal si, además, los ponemos en relación con las ventas. Le propongo que seamos prácticos y no nos perdamos en disertaciones estériles pues no tenemos tiempo que perder.

—Estoy de acuerdo, pero suena rarísimo... ¿Filosofía aplicada a las ventas?

—Por qué no. La solución de los problemas de la vida también incumbe a los de las ventas. ¿O no son éstas parte de su vida?

Los argumentos del filósofo eran impecables y novedosos por lo que se volvieron muy atractivos para ella. Además, empezó a establecer relaciones automáticas entre los conceptos que acababa de decirle con los que habían revisado en las sesiones de imagen vendedora. Ahí también era necesaria la capacidad de observación, la esencia era la base de la imagen y los sentimientos desempeñaban un papel primordial. Tal vez habría una conexión poderosa entre ambas ramas del saber que la convertirían en una mejor vendedora. Valía la pena seguir, así que asintió y pidió continuar.

—Para definir su esencia, para contestar a la pregunta "¿Quién soy?", se debe disponer de tiempo para pensar, para recapitular en la secuencia de actos que nos han hecho llegar al sitio en donde nos encontramos. La vida examinada es la única que merece ser vivida, decía uno de los más grandes filósofos de la antigüedad, así que para ese examen será necesario contar con una guía que nos ayude a definir nuestra personalidad.

—¿Qué es exactamente la personalidad? He oído decir que alguien tiene mucha personalidad cuando tiene mucha presencia, cuando no pasa desapercibido.

—Se cometen muchos errores en torno a la palabra y a veces se confunde con el estilo personal, pero son dos cosas completamente diferentes. La personalidad no es una sola cosa, ni tampoco es algo exacto, la personalidad es el conjunto de características personales que nos diferencian de los demás y ellas nos han conformado ya sea de manera innata o adquirida.

Entre esas características están:

- El Temperamento.
- El Carácter.
- Los Principios y Valores que guían la actuación personal.
- El Contexto de Desarrollo Humano en cuatro niveles:
  - ✓ Familiar ascendiente y descendiente
  - ✓ Académico
  - ✓ Laboral y
  - ✓ Social.
- La autopercepción en cuatro niveles:
  - ✓ Físico
  - ✓ Intelectual
  - ✓ Sentimental y
  - ✓ Espiritual.

El filósofo continuó:

—Será necesario poder describir todas y cada una de ellas para definir de manera práctica al personaje que cada uno llevamos dentro, sólo que nuestra trama será la vida real —hizo una pausa que aprovechó para sacar unas hojas de papel engrapadas que le extendió mientras le dijo: Como siguiente etapa de nuestra sesión, le pido ahora que conteste este cuestionario. Por ahora suspendamos nuestra entrevista hasta que lo tenga terminado.

En ese momento, el filósofo sin decir más se puso de pie, le guiñó y se dirigió lentamente hacia el bosque observando todo a su paso.

La vendedora, por unos instantes, no supo qué hacer. El cuestionario parecía un examen de la universidad que contenía muchas preguntas, una tras otra, así que tendría que conseguir varias hojas de papel en blanco para responderlas. Se dirigió a la administración del hotel y de ahí a su habitación en donde estuvo encerrada trabajando por varias horas. Básicamente se trataba de hacer un ejercicio de introspección que revisaba las etapas más importantes de su vida. Dicen quienes la oyeron que a veces se reía a carcajadas y que en otros momentos sollozaba amargamente, pero lo que sí es seguro es que no permitió que la interrumpieran y que ordenó tanto la comida como la cena al servicio a cuartos. Después de varias horas de trabajo intenso, se quedó dormida profundamente.

Al día siguiente, cuando se reencontraron ambos en la misma terraza de los dos días anteriores, algo había cambiado... ¡Ella! Así que llegó a la cita radiante, vestida con gran simpleza y nada de maquillaje, se sentía alegre y ligera. El filósofo notó el cambio enseguida y se lo hizo ver. La vendedora le expresó que había sido un ejercicio de ubicación excelente. Que se había dado cuenta de muchos aspectos que habían influido en ella para llegar a ser lo que era, en sus virtudes y defectos, y que ello le había mostrado una luz para pulir lo malo y potenciar lo bueno, pero que lo más importante era haberse dado cuenta de tantas cosas que había ido adquiriendo por la vida, en un proceso de domesticación que le fue infundiendo mensajes buenos y algunos no tanto, o que al menos no iban con su forma de ser.

El filósofo aclaró:

—Eso que llamaste *domesticación* —empezó a tutearla—, es el proceso formativo o deformativo que todos hemos tenido que experimentar y que precisamente forma el carácter, a diferencia del temperamento, que es una cualidad con la que nacemos, y que por tratarse de algo genético no cambiará. Me explico mejor. La personalidad tiene dos lados: uno es el temperamento y otro el carácter; el primero es una configuración de inclinaciones, mientras que el carácter lo es de hábitos. El carácter es la disposición y el temperamento es la predisposición. El temperamento es la forma innata de la manera de ser, mientras que el carácter es la forma que emerge, es la que se desarrolla al través de la interacción del temperamento y el ambiente que te tocó vivir. Cuando ligas esta información con la descripción de ese ambiente, que no es otra cosa que tu historia contada en orden gracias a la guía de preguntas que venía anexa al cuestionario, tienes de manera práctica y rápida una buena descripción de tu esencia.

Asintiendo, ella tomó una de las hojas en blanco y escribió:

> Temperamento + Historia = Carácter

Y se la mostró a su recién adquirido maestro, quien después de leerla, caviló y afirmó:

—Es una forma clara de verlo —y agregó debajo:

> *Forma de ser Innata + Desarrollo Humano = Forma de ser Adquirida*

Mientras tanto, ella se dio cuenta de que en la forma de expresar este razonamiento había hecho una ecuación, igual a las que hacía el consultor que estaba intentando ayudarla, se estremeció y de pronto lo extrañó. ¿Qué estaría haciendo?... Después de la manera como se había comportado... ¿Volvería a recibirla igual? Se acordó de lo cortante que había sido con ella, de la frialdad que le demostró al hablarle nuevamente "de usted" y se sintió arrepentida y triste, deseó volver a verlo, tal vez si...

El filósofo percibió que ella se había ido a otro lado, así que hizo una pausa para ponerse un suéter pues el día estaba refrescando y el cielo llenándose de nubes que amenazaban lluvia, por lo que también preparó su gabardina y echó una mirada a sus botas de explorador. Pero como ella de plano se había distraído mucho decidió sacarla de su ensimismamiento:

—Señorita, creo que es tiempo de pasar a otra cosa, apliquemos un poco la filosofía de vida a las ventas —sacó unos apuntes manuscritos.

—Todavía no entiendo cómo, pero adelante. ¿Gusta que pida un poco de vino y queso?

Él aceptó gustoso, estaba en su elemento, haciendo lo que más le gustaba en un sitio espléndido, definitivamente un poco de vino con queso sería inspirador. Después de disfrutar de un par de sorbos de un tinto ligero y algo de Camembert untado en pan crujiente, recién horneado, continuaron con la plática.

—Los principios que a continuación expondré podrían constituir un manual pues son pautas de comportamiento perfectamente aplicables a la vida diaria que pueden servir para hacer la labor de ventas más gozosa, así que empecemos con lo que he llamado:

MANUAL DE FILOSOFÍA
PARA EL BUEN VENDEDOR

REGLA UNO
NO TE COMPARARÁS

—Una de las formas de pensamiento más desgastantes que existen es la de la comparación constante con los demás. En las ventas esto es frecuente pues existen las cuotas, los incentivos, las listas de producción comparativas entre los diferentes vendedores del departamento de ventas. Si tomamos en cuenta que tu esencia es estrictamente individual. ¿Por qué medirte con la misma vara de los demás?

REGLA DOS
HARÁS SIEMPRE TU MÁXIMO ESFUERZO

—Si la regla anterior te pareció un pretexto para no presionarte en el cumplimiento diario, ésta te quitará la conformidad. Sólo tú sabes de lo que eres capaz, así que la única comparación aceptable será la que deberás hacer contra ti misma. El secreto estará en llegar al final de cada día con la satisfacción de haber dado tu mejor esfuerzo. Si algún día no lograste vender, pese a que diste tu máximo esfuerzo, no te preocupes, relájate y piensa que al día siguiente producirás el doble. Pronto estarás logrando más de lo que jamás imaginaste. Lo único que se pide en esta regla es sinceridad para evaluar el máximo esfuerzo.

REGLA TRES
SERVIRÁS

—Tú no vendes un producto, aunque vendas productos. Lo que vendes es el servicio de satisfacer una necesidad que los demás tienen. El vendedor de autos satisface la necesidad de transporte; la vendedora de seguros, la de tener tranquilidad; el de maquinaria, la de producción eficiente; la vendedora de productos de belleza, la necesidad de verse mejor y así hasta el infinito. Por ello te digo: cualquiera que sea lo que tú ofrezcas, encontrará demanda. Así que haz un alto en tu camino y pregúntate: ¿cómo puedo servir a los demás? ¿En qué puedo ayudar? Cambia tu enfoque: si te esfuerzas en lograrlo, pronto te encontrarás con una cauda de clientes satisfechos que te estarán comprando una y otra vez.

El filósofo dio otro sorbo a su copa de vino, untó más queso y sin permitir ninguna interrupción continuó:

REGLA CUATRO
PENSARÁS POSITIVAMENTE

—Presuponer lo negativo es un rasgo de actuación que te inmoviliza o te fuerza a emplear tu energía en resolver situaciones problemáticas inexistentes. El ser humano es tan débil que ante sus acciones por lo general tiende a presuponer lo peor y su pensamiento negativo sólo puede causarle miedo y desconfianza, dos sentimientos que terminarán paralizándolo. He ahí una de las causas fundamentales del fracaso o de la falta de crecimiento en el hombre. Lo peor del caso es que se atrae lo que se teme y acaba por suceder porque tú lo convertiste en realidad. En cambio, si inviertes la polaridad, si piensas positivamente y supones que todo sucederá bien, que las cosas se te darán tal como las deseas, ¿sabes qué pasará?... ¡Que todo te saldrá bien! Pensar positivamente lleva dentro el germen del deseo y lo que se desea se cumple, puesto que sólo existe aquello a lo que se le pone atención. Si empiezas por pensar que a partir de mañana vas a vender más, pronto comprobarás que tu deseo se hará realidad. Recuerda que se atrae lo que se desea.

REGLA CINCO
TOLERARÁS

—Dentro de ti vive un ego que se siente el centro del universo y piensa que todo gira en torno de él, por ello es capaz de causarte conflictos y desavenencias mil. Tu ego es el que se envanece ante

129

el halago o se llena de ira ante el insulto. El ego cree que todo es personal... que todo se trata de él y no es así. Invariablemente, cuando se convive en grupos sociales constituidos por personas diferentes, es lógico que se tengan diferencias y puedan surgir conflictos derivados de las distintas formas de pensar o enfocar los asuntos. Pues bien, tolerar es respetar las ideas, las creencias o las prácticas de los demás cuando son diferentes o contrarias a las propias. Date cuenta que vivir el rechazo es tan normal como vivir la aceptación, así que no te lo tomes como asunto personal, es tan sólo la forma de pensar o creer del otro. ¿Por qué sufres cuando ella es negativa? Por tu ego que se siente lastimado... ¿Deberías aceptarla si es positiva? Aceptarla sí, pero no creértela, eso sólo lo haría tu ego que es profundamente vanidoso, nunca tu verdadero yo. Aprende a tolerar. Esta regla trasladada a las ventas será una guía perfecta para saber que no venderás a todos tus clientes potenciales, que no a todos les parecerá útil tu producto, que no todos te preferirán a ti sobre otros, que te pondrán objeciones para comprarte, así que no sufras ni te enojes, ni mucho menos pienses que no sirves. Recuerda que no es algo que debas tomarte en lo personal, no; créeme que sería igual si llevaras otro nombre, es simplemente parte de las diferencias que existen entre los seres humanos.

Esta regla también deberás aplicarla cuando te feliciten y te nombren el mejor vendedor de la empresa; si no te lo tomas personalmente, podrás responder al halago con humildad. Así que deshazte del ego, que entre otras cosas es un torpe vendedor, y tolera, y vuelve a tolerar... vivirás los mismos casos pero sin el desgaste de energía que necesitarás para el siguiente cliente potencial.

REGLA SEIS
SERÁS ÉTICO

—La ética es el conjunto de normas morales que rigen la conducta humana y si se aplica específicamente a la conducta en el ejercicio profesional se llama *ética profesional*. Estoy aquí hablando de un proceder moral que implica verdad, honradez y honestidad, cualidades que todo vendedor debe poseer si quiere llevar el título de profesional. Verdad al describir las cualidades de un producto o prometer una fecha de entrega; honradez al manejar precios, descuentos, medidas o dinero y honestidad al reconocer los límites del producto o de la empresa. En pocas palabras estoy hablando de hacer siempre lo correcto. La filosofía enseña que un rasgo distintivo de lo correcto es que al hacerlo tú quedas libre de culpa. Si se satisface ese criterio, estarás en el reino de lo moral.

El principio quedaría perfectamente retratado en el siguiente parafraseo de la máxima universal: "No hagas como vendedor lo que no te gustaría que te hicieran como comprador".

REGLA SIETE
TE ESFORZARÁS EN SER FELIZ

—¿Cuál sería el propósito de todo lo que intentas hacer en tu vida? ¿Llegar a ser? ¿Llegar a tener? Cualquier respuesta que me dieras podría incluirse en estos dos conceptos globales, ser y tener, lo cual no está mal siempre y cuando el ser y el tener tuvieran un fin ulterior que los alejara de la limitación del demostrar o acumular o de realizar algo simplemente porque sí. Ese objetivo superior que puede dar un gran sentido a nuestra vida y a cada uno de nuestros actos, bien podría ser la consecución de la felicidad. Dicho así de fácil suena alcanzable, muy humano, romántico y hasta poético, sin embargo es algo muy difícil de lograr y exige un cambio de visión al respecto. En consulta filosófica recibo a mucha gente que me dice que por más que se esfuerza no consigue ser feliz, porque les pasan cosas tristes o contrarias a sus deseos, porque tienen miedo de perder lo mucho o poco que han ganado, porque temen quedarse solos, y quién sabe cuántas cosas más que son muy comprensibles. Pero es en la forma de plantearse la felicidad donde está la gran trampa: hacerla depender de factores que están fuera de ti, colocando de esa manera tu felicidad en las manos de otros y no en las tuyas. Desde un punto de vista filosófico aplicado, la felicidad debe ser un estado de ánimo interior independiente de todo y de todos, producto de encontrar el lado bueno de las cosas para complacerse en el bien contenido que produzca alegría. Tengo claramente identificados dos elementos que pueden ayudar a la consecución de la felicidad y son: El desapego amoroso hacia las personas y las cosas, de manera tal que cuando tengan que partir no las necesites y te duela lo menos posible; y el segundo es mirar a la felicidad como el camino y no el destino. A la felicidad no se llega más que siendo feliz.

—Dadas las circunstancias de tiempo y lugar eso es lo más que puedo decirte; sin embargo, es mucho y es perfectamente aplicable tanto para tu vida diaria como para tu desempeño como vendedora profesional. Por supuesto que el mundo de la filosofía aplicada es enorme y contiene tanto conocimiento como tiempo lleva el hombre pensando. Si se despertara en ti el interés por ella, dejo abierta la invitación para que te acerques.

Todo fue tan revelador y sucedió tan inesperadamente que la vendedora no pudo decir nada, ni siquiera se movió, sólo acertó a revisar los apuntes y empezar a releerlos. Entonces dijo:

—¿Y pretendes que absorba esto de inmediato? ¡Necesito quedarme con ello y leerlo todos los días!

—No sería mala idea —contestó él como si tal cosa—. Es conocimiento para toda la vida. Comprende que de todas formas vas a vivir lo bueno o lo malo, así que de ti dependerá el enfoque que le quieras dar. Como te dije al principio, para eso sirve la filosofía, para hacer más llevadera la vida. ¿Has oído hablar de lo conveniente que es tener una filosofía de vida? —ella negó con la cabeza—. Pues ahí tienes un buen inicio para adquirirla.

Dieron por terminada la sesión y decidieron ir a comer con gran merecimiento. El resto de la tarde transcurrió de lo más gozosa, fumaron un par de cigarrillos y bebieron un poco de anís en la terraza de siempre hasta que el clima cambió, empezó a llover y fue hora de despedirse. Como él se iba al día siguiente, ella decidió que también lo haría, al final de cuentas había encontrado lo que buscaba y deseaba regresar cuanto antes a compartirlo.

Cuando ella lo vio partir por la vereda que daba a su habitación, notó que de su gabardina negra sacaba un gorro para protegerse del frío y la lluvia y lo consideró algo estrambótico para un hombre tan formal: el adorno con el par de motas amarillas estaba totalmente fuera de lugar. "En fin, así son de raros los genios", pensó y no volvió a acordarse del asunto.

Ella todavía tardaría un tiempo para darse cuenta de que el primer huésped no convidado había aparecido.

CAPÍTULO CATORCE

La primera venta con imagen

L o primero que hizo la vendedora al día siguiente de su regreso fue hablarme por teléfono y contarme a grandes rasgos lo que había vivido en los días anteriores. Me dijo además que estaba lista para reanudar las sesiones de capacitación en imagen vendedora, que había aprendido mucho sobre ella misma, que estaba dispuesta a cambiar de actitud y que sentía mucho el haberse comportado como lo había hecho la última vez que nos vimos. Me dijo que había estado muy presente durante su viaje y que había establecido mucha relación entre lo que había aprendido conmigo hasta la fecha y lo que había aprendido con el filósofo. Se oía muy animada, así que me dejó entrever que me quería ver cuanto antes por lo que quedamos de vernos dos días después; ella contactaría al otro vendedor.

Después de colgar, ella se dirigió a casa de sus papás con quienes había quedado para comer. Le dio gusto verlos, ambos se veían muy bien y después de un aperitivo en el jardín pasaron al acogedor comedor donde su papá puso su música favorita. Mientras comían ella les fue contando la maravillosa experiencia que había tenido y les mostró el manual de filosofía que le habían legado. Su mamá lo apreció como algo muy serio y en silencio agradeció a "ese buen hombre" que mucho había hecho por el crecimiento de su hija. Pero faltaba lo mejor, para los postres ella estaba decidida a hablar con su papá y hacer una venta con imagen. Se había arreglado de manera especial para lucir algo más formal, más profesional, y su papá lo había notado. Su conducta había sido muy cariñosa y su palabra siempre positiva. Había escuchado con atención todo lo que sus padres le habían dicho y mostrado una atención especial a sus palabras. No había llegado con las manos vacías sino que en el camino había parado a comprar flores para su mamá. El escenario estaba listo, era el momento de iniciar la negociación. El objetivo era obtener el financiamiento necesario para poder continuar con sus estudios temporales antes de salir a buscar trabajo. Para lograrlo mostró todo lo que estaba aprendiendo, habló de la suerte de haber encontrado alguien que desinteresadamente los estaba preparando, puso especial acento en el plural, y del enorme costo que hubiese tenido el contratar algo semejante. "Si no estoy generando un ingreso en dinero, al menos lo estoy teniendo en especie", les había dicho con gran seguridad. Después había esbozado el enorme futuro que tendría cuando aplicara todo el conocimiento que estaba adquiriendo y por último, luego de una pausa dramática... ¡Pidió el apoyo financiero para continuar con sus planes!

El papá frunció el ceño, la mamá dirigió a su esposo una mirada larga y suave, él hizo una mueca de duda, la mamá puso su mano sobra la de él, estaba acorralado entre sus dos grandes amores así que, después de un suspiro, accedió a conceder la ayuda solicitada. Sin embargo, padre e hija negociaron que ella haría trabajo temporal en la empresa familiar. Ella aceptó la oferta sólo que diciéndole que lo haría desde su casa, él estuvo de acuerdo y cerraron el trato: trabajaría por objetivos hasta que terminara con sus estudios de imagen vendedora y después saldría a buscar un trabajo en el que pudiera aplicar lo aprendido.

Eso de las ventas con imagen funcionaba, había cuidado la coherencia de todos los estímulos que dirigiría a sus papás, les había hecho sentir positivamente, se había mimetizado con ellos, había escuchado sus necesidades, negociado y obtenido lo que quería. Podía sentir la diferencia... y apenas estaba empezando.

"Qué maravilla", pensó y todavía le quedaba un largo día para ir a teñirse el cabello, hacerse manicure, pedicure, y tal vez comprar alguna prenda nueva. Sabía que a su regreso tendría que causar una magnífica impresión.

CAPÍTULO QUINCE

El estilo

Cuando la vendedora entró por las puertas de la agencia, todos voltearon a verla. Había preparado su reaparición con gran esmero y, ¡vaya que el resultado había sido espléndido! El pelo recogido en medio chongo que dejaba listones de cabello sueltos que hacían ver su cuello más largo, continuaba en unos largos aretes que enmarcaban el rostro maquillado a la perfección, en el que destacaban los labios nacarados extremadamente brillantes. Su salida de compras a la avenida más *fashion* de la ciudad y el deseo de alguna prenda nueva se tradujeron en un vestido *strapless* corto de color guinda, estampado con motivos que adelgazaban su silueta. Bolsa y sandalias altas color oro viejo con cintas que se cruzaban hasta la mitad de la pantorrilla completaban la impactante visión que hacía desvanecer a su compañero vendedor, que cual perrito faldero de *socialité* caminaba detrás de ella y quien, para no variar, seguía en el *look* retro involuntario combinado con sport desempleado. Cuando la vi no supe qué decir y sólo acerté a saludarla de manera atropellada, dándole un abrazo que me permitió aspirar una delicia de perfume. Ella se mostró complacida ante el efecto causado.

Nos sentamos alrededor de la mesa inglesa de juntas, pedimos café y té, por supuesto con galletitas, y nos dispusimos a escuchar la historia que ella había vivido durante la última semana y que ansiaba compartir con ambos. Conforme iba escuchando, me di cuenta de que el filósofo me había ahorrado mucho tiempo de trabajo, explicando la esencia como sustento de la imagen y que, además, había realizado una contribución muy oportuna al concepto de las ventas con imagen, relacionando importantes principios filosóficos con la actuación del vendedor. "Quien los aplicara ganaría una mejor imagen vendedora", pensé. Mientras tanto, el vendedor iba leyendo con mucha atención los apuntes que ella le había fotocopiado y le hacía muchas preguntas, que con mi complemento quedaron satisfactoriamente respondidas. Así él se puso al corriente en cuanto a nivel de conocimiento. Casi al finalizar su presentación, la vendedora añadió:

—Ojalá y lo hubieran conocido, era un tipo genial, amable y muy inteligente aunque algo excéntrico, como todos los de su nivel —volteó a verme y empezó a reír—, deberías haber visto el gorro que llevaba, era francamente ridículo con dos extrañas motas amarillas —vio que yo daba un salto en el asiento por lo que de súbito interrumpió su risa—... ¡Qué! —exclamó.

—¿Y usaba lentes redondos y barba blanca desarreglada? —casi le grité al tiempo que daba en la mesa con la palma de mi mano.

—Sí, aunque se la arregló poco tiempo después que lo conocí, pero... ¿Cómo sabes?

—Porque nos lo hemos topado un par de veces en nuestro camino. La primera vez afuera de la mansión de los espejos.

—¡Creo haberlo visto! —añadió el vendedor.

—La segunda en el juego de baloncesto, parecía un fanático más pero llevaba el mismo gorro extraño en ambas ocasiones por lo que estoy seguro que ese personaje y tu filósofo son la misma persona. Tiene que haber estado siguiéndonos y haber sabido de nuestra búsqueda —hice una pausa—. Tengo muchas incógnitas que por el momento no puedo resolver, pero ahora sé que tu encuentro con él no fue casual... Él lo provocó... El filósofo es uno de los tres huéspedes no convidados que de acuerdo con El Oráculo arribarían cuando uno cayera en el agujero y deberíamos honrar para tener ventura, ¿se acuerdan? —miré el gesto de asombro en ambos vendedores y me dirigí a ella:

—Y tú ya honraste al primero.

—¿Cómo que lo honré?

—Aceptando sus enseñanzas.

Nos quedamos un rato en silencio, sorprendidos y cavilando. Finalmente, salí de mis pensamientos y dije:

—Al menos sabemos que de seguir todo así, el final será venturoso. Estemos tranquilos y confiemos en lo que nos depare el destino. Por lo pronto, les propongo que sigamos adelante, sin prisa pero sin pausas, ¿de acuerdo? —ambos asintieron así que me dispuse a abordar el nuevo tema que había preparado con gran cuidado, pues sabía que haría una aportación novedosa que merecía la dedicación de toda la mañana. Se trataba del estilo.

—Tenemos claro que la esencia es la base de la imagen y que la personalidad es el conjunto de características que te diferencian de los demás. Ahora bien, cuando esa esencia, ese conjunto de características se manifiestan y salen a relucir en cada uno de nuestros actos, al hecho se le llama *estilo* —hice una pausa y escribí en el pizarrón electrónico:

EL ESTILO ES LA EXPRESIÓN DE LA INDIVIDUALIDAD.

Y continué:

—Si el temperamento es innato y es parte de la personalidad, podemos también afirmar que se nace con estilo. ¿Se han dado cuenta que en los niños existe una forma de expresarse diferente? ¿Cómo insisten en vestirse y comportarse de una manera peculiar? ¿Cómo en muchos casos desde pequeños llevan la contra a sus padres?

—Díganmelo a mí, si no lo sabré —dijo ella resignadamente.

—Existen diferentes tipos de estilo y debemos aclarar desde un principio que ninguno es mejor que otro y que todos tienen sus fortalezas y riesgos. Lo importante del estilo es reconocerlo en cada uno de nosotros para después adaptarlo a las diferentes ocasiones y situaciones de la vida cotidiana y de esta manera implementarlo en sus múltiples aplicaciones. El estilo influirá no solamente en la imagen física, sino también en el resto de las imágenes subordinadas a la imagen vendedora: la verbal, la profesional y la visual.

—Perdón, maestro, pero ahora sí no sé de qué está hablando —dijo respetuosamente el vendedor.

—De las imágenes que deberemos crear por separado para que juntas conformen la gran imagen vendedora. Desde ahora quiero dejarlas planteadas pues su producción dependerá del estilo. Ya llegaremos en su momento a ellas. Déjenme continuar. Si conocemos la teoría del estilo, podremos aplicarla en nosotros para reconocer qué tipo de estilo somos y mejor aún, practicarla con nuestros compradores potenciales. De ahí podremos después hablar de estilo de empresas y de productos, y sacaremos interrelaciones interesantes. Vamos por partes, conozcamos primero los diferentes tipos de estilo que existen. Sé que surgirán dudas de cada uno, pero se irán despejando conforme vayan conociendo los siete, así que les ruego que traten de no interrumpirme y que vayan ubicándose en el que mejor vaya con ustedes. Cabe aclarar que las palabras que se utilizan para nombrar cada uno de los estilos no son adjetivos calificativos, sino sustantivos —la vendedora puso tal cara de confusión que estuve a punto de reírme, pero me contuve—. Hice una pausa, encendí el proyector y mi lap top para hacer una presentación apoyada en diapositivas, corrí la primera y en la pantalla apareció el título:

TIPOLOGÍA DEL ESTILO

Y empecé la descripción de cada uno de los siete tipos:

ESTILO NATURAL

—Transmite un mensaje no verbal de accesibilidad, energía y sencillez. Genera amabilidad, entusiasmo y optimismo. Proporciona una apariencia abordable y orientada hacia la gente. Las personas de este estilo se ven saludables, sencillas, juveniles e informales. Les gustan los diseños cómodos y funcionales, de líneas sueltas y relajadas, los materiales de fácil cuidado y los colores neutros y básicos. Lo que buscan es la comodidad y esto se va a reflejar en todos los elementos del vestuario y de su arreglo personal. El cabello lo prefieren natural y con movimiento, y que requiera poco mantenimiento. En el caso de las mujeres, el maquillaje será minimalista, sólo lo necesario y los accesorios de escala pequeña y de diseño sencillo, nada que estorbe o incomode. Por esta razón, a los hombres naturales no les gusta la corbata y sólo la van a usar cuando sea realmente necesario.

Ocupaciones típicamente naturales son vendedores, arquitectos, ingenieros, maestros, deportistas, periodistas.

Debo advertirles que estos y otros ejemplos de ocupaciones que pondré en la descripción de cada estilo son simples referencias representativas que no limitan que alguien con otra ocupación pueda tener el estilo que en el momento esté describiendo. Esta advertencia aplicará en todos los apartados de las ocupaciones típicas de cada estilo.

El riesgo que corren las personas de este estilo es verse desarregladas, pues mucha gente confunde comodidad con "fachas".

La vendedora volteó a ver descaradamente al vendedor y escribió:

La persona de estilo natural busca comodidad, su fortaleza es la accesibilidad y su riesgo es verse fachosa. (Creo que mi amigo es de este estilo.)

ESTILO TRADICIONAL

—Transmite un mensaje no verbal de organización, responsabilidad y eficiencia. Genera confianza, respeto y lealtad. Las personas de estilo tradicional tienen una apariencia conservadora, atemporal, seria, discreta y moderada. El diseño de su ropa es sencillo y clásico, con pocos detalles y nada que llame la atención. Prefieren los colores neutros y sobrios, y los materiales firmes y durables. Cuando compran ropa buscan la sobriedad, no se dejan llevar por las estridencias de la moda y, por lo tanto, las prendas y los accesorios les duran muchos años.

Son personas a las que les cuesta cambiar su aspecto físico y van a usar el mismo corte de cabello durante muchos años. Los hombres tradicionales lo usarán corto, por lo general de raya al lado, y controlado. Las mujeres de este estilo prefieren peinados sencillos y discretos, y sólo se pintan el cabello para tapar las canas. Su maquillaje será moderado y discreto, lo mismo que sus accesorios.

Ocupaciones típicamente tradicionales son contadores, banqueros, abogados, políticos, administradores, vendedores.

Uno de los beneficios que tiene este estilo es el de ahorrar dinero, ya que al ser el guardarropa de diseño clásico y conservador se puede usar durante mucho tiempo. Pero hay que tener cuidado, ya que esto mismo puede hacer que se caiga en el riesgo del estilo tradicional que es verse anticuado o pasado de moda.

El vendedor escribió:

La persona de estilo tradicional busca durabilidad, su fortaleza es la sobriedad y su riesgo es verse anticuada. (Tal vez yo sea de este estilo.)

ESTILO ELEGANTE

—Transmite un mensaje no verbal de éxito y gran autoridad. Genera respeto, seguridad y distinción. Los hombres y mujeres de este estilo, tienen una apariencia refinada, distinguida, formal y pulcra, siempre apropiada para cada ocasión. Son personas que cuidan meticulosamente su aspecto y se ven impecables de pies a cabeza. Buscan siempre la calidad y la prefieren a la cantidad y cuando compran son muy exigentes. La gente elegante cuida todos los detalles, tanto de su vestuario, como de su aliño personal. Es el tipo de hombre o mujer que cuando los vemos nos provocan admiración y el deseo de imitarlos.

Ocupaciones típicamente elegantes son cualesquiera que implique posición de gran autoridad laboral, económica o política y vendedores de productos de elevado estatus y precio.

El riesgo del estilo elegante es parecer presuntuoso o lucir ostentoso. Por ejemplo, un reloj llamativo de oro con brillantes no es elegante, es ostentoso. La elegancia va unida a la sencillez y a la discreción y, además, requiere una actitud elegante. Hay personas que se confunden y creen que ser elegantes es usar marcas y además lucirlas. Definitivamente la elegancia es enemiga de la presunción.

Ella escribió:

La persona de estilo elegante busca calidad, su fortaleza es la admiración y su riesgo es verse ostentosa. (Creo que el consultor es de este estilo.)

ESTILO ROMÁNTICO

—Transmite un mensaje no verbal de cuidado, interés, calma y servicio. Genera amabilidad, confianza, jovialidad y facilidad de relación. Las personas de este estilo lucen gentiles, cálidas, apacibles, encantadoras y provocan cercanía.

A las mujeres de estilo romántico les gusta verse muy femeninas, por eso buscan que el diseño tanto de su ropa como de sus accesorios sea de líneas suaves y curvas, con muchos detalles. Los encajes, holanes, alforzas, moños, perlas, prendedores y estampados florales serán su fascinación. Prefieren los tonos claros, los colores pastel, y los materiales fluidos, delicados. Su cabello lucirá con textura, volumen y movimiento, su tinte favorito es el rubio. Les gusta maquillarse y raramente permiten que alguien las vea si no lo están.

El estilo romántico en los hombres podría confundirse con el estilo natural, ya que es también poco estructurado y de líneas sueltas y relajadas. La diferencia está en los materiales, ya que los prefieren con más textura y suaves al tacto; en los patrones de las telas: cuadros, rombos; y en los colores que serán de tono medio a claro. Usan cuellos de tortuga con saco, también chalecos y suéteres. El cabello lo pueden llevar más largo y a veces lucirá despeinado.

Ocupaciones típicamente románticas serán todas aquellas que impliquen servir a los demás como médicos, enfermeras, vendedores de servicios, maestras de pequeñitos, sacerdotes o ministros, recaudadoras de fondos, defensores de causas sociales.

Como todos los estilos, éste también tiene un riesgo y es que se puede caer en lo cursi y empalagoso.

El vendedor escribió:

La persona de estilo romántico busca delicadeza, su fortaleza es la calidez y su riesgo es verse cursi. (Tengo una tía que es justo así.)

ESTILO SEDUCTOR

—Transmite un mensaje no verbal de atracción, provocación y atrevimiento. Genera influencia, excitación y sensación. Éste es un estilo llamativo, tentador y desinhibido. Las personas seductoras usan la ropa para revelar el cuerpo y atraer al sexo opuesto. Lo que buscan al arreglarse es llamar la atención. Como los materiales y los diseños revelan la figura, estas personas cuidan mucho su cuerpo con dietas y ejercicio. Las mujeres son atractivas y los hombres, apuestos. La sensualidad entendida como la capacidad para gozar intensamente con cada uno de los sentidos es una de sus cualidades.

Ocupaciones típicamente seductoras son: todas aquellas pertenecientes al sector artístico, gastronómico, del cuidado físico y del entretenimiento, modelos, vendedores de productos sofisticados o caros, *hostess*, edecanes.

La seducción requiere también una actitud que jamás deberá estar peleada con la clase y el buen gusto, así que habrá que poner especial cuidado en evitar caer en la vulgaridad, el riesgo de este estilo.

Ambos caballeros voltearon a ver descaradamente a la vendedora quien se sintió intimidada; el consultor recordó el vestuario que ella usó el día del juego de baloncesto y sonrió. El vendedor escribió:

La persona de estilo seductor busca provocar, su fortaleza es la atracción y su riesgo es verse vulgar. (Mi amiga es totalmente seductora pero a veces se pasa.)

Ella escribió:

Recordar que no he pagado el gimnasio y que tengo que hacerme una depilación para tanga.

ESTILO CREATIVO

—Transmite un mensaje no verbal de originalidad, independencia, ingenio y espontaneidad. Genera credibilidad hacia el talento creativo, individualidad, innovación y capacidad de expresión. El estilo creativo proyecta una imagen que se caracteriza por una apariencia única, imaginativa, artística, no convencional, que no sigue reglas... En este estilo se vale todo y lo que se busca es ser diferentes. Es impredecible, por lo que las personas creativas mezclan diseños, patrones, texturas y prendas, pueden combinar cuadros con rayas, algodón con seda y varias prendas diferentes al mismo tiempo. Cuando los vemos nos preguntamos: "¿Cómo se le ocurrió eso?" Tampoco hay reglas en cuanto al cabello, al maquillaje o a los accesorios, éstos pueden ser sacados de contexto y usados de manera innovativa y poco convencional.

Ocupaciones típicamente creativas son publicistas, músicos, diseñadores, arquitectos, escritores o fotógrafos.

El estilo creativo suele ser plural y muy abierto, por lo tanto, puede abarcar desde lo étnico: huipiles, jorongos, morrales y huaraches, hasta lo *dark*: labios y uñas negras, botas militares, colores inusuales de cabello, tatuajes y *piercing*; pasando por lo retro y lo *bling bling*. No se extrañen si un día un *dark* lleva como bolso un morral, nada más por ser diferente, así que, ¿ya saben cuál es el riesgo de este estilo si se exagera?... Exacto: verse ridículo.

Ella escribió:

La persona de estilo creativo busca originalidad, su fortaleza es la individualidad y su riesgo es verse ridícula. (Tengo un montón de amigos así.)

El vendedor escribió:

No conozco a nadie así.

ESTILO DRAMÁTICO

—Transmite un mensaje no verbal de experiencia, mundanidad, intensidad y seguridad. Genera impacto, subyugación, exigencia y atención. El estilo dramático proyecta una imagen sofisticada y dominante, de poder y autoridad. Es llamativo y severo. El diseño de la ropa es estructurado pero no clásico por lo estilizado y exagerado. El tamaño de sus accesorios tiende a ser grande. Su aspecto es vanguardista ya que tanto los hombres como las mujeres de este estilo van a ir siempre un paso adelante de la moda. Son personas muy seguras de sí mismas y lo que buscan con su arreglo personal es impactar.

Ocupaciones típicamente dramáticas serán cualesquiera que requieran dominancia y vanguardismo, como la gente que trabaja en el mundo de la moda, de la imagen o de la superación personal.

Si se exagera, el dramatismo puede percibirse como agresivo.

Ella escribió:

La persona de estilo dramático busca vanguardia, su fortaleza es la imposición y su riesgo es verse agresiva. (El consultor también podría ser de este estilo.)

—Tomen en cuenta que los estilos no son rasgos absolutos de expresión, por lo que les sugiero que piensen en ellos como una dimensión que puede ser mucha, media o poca, hagan de cuenta... como la velocidad. Puedes ir aprisa o despacio, pero siempre se llamará velocidad. Si aplican esta analogía, resultará que una vez que hayan identificado su estilo, podrán un día implementarlo con más intensidad que otro y no por ello dejar de ser de ese estilo.

Ahora bien, los estilos podrán combinarse de tal manera que habrá un estilo dominante y otro complementario. Permítanme explicarles.

Apareció una nueva diapositiva con el título:

COMBINACIÓN DE ESTILOS

—Muy pocas personas se pueden catalogar dentro de un solo estilo, la mayoría tienen una combinación de dos y esto va a permitir que la apariencia sea más versátil y fácil de adaptar.

Por ejemplo, algunos de los estilos que se pueden combinar son los siguientes:

- Dramático-elegante (y no al revés, pues el elegante jamás querrá llamar la atención)
- Natural-tradicional
- Tradicional-romántico
- Natural-elegante
- Dramático-seductor
- Creativo-natural
- Dramático-natural, etcétera.

—Pero también deberán comprender que habrá estilos que son contrarios y que será imposible combinarlos, por ejemplo:

- Elegante-dramático (ver primer punto anterior)
- Tradicional-creativo
- Tradicional-seductor
- Romántico-seductor
- Romántico-dramático
- Creativo-elegante
- Dramático-tradicional

—Tiene cierta lógica, ¿no? —seguí explicando—. Sería absurdo pensar en un vendedor de estilo dramático, cuya característica es ser vanguardista, mezclado con tradicional, cuya cualidad es no cambiar.

La importancia que tiene el reconocer el estilo personal es que se convertirá en un **eje rector de todos los estímulos** que se envíen a los demás y con él se facilitará la coherencia de la imagen vendedora y la construcción de todas las imágenes subordinadas a ella. Por ejemplo, si eres un vendedor tradicional, tu apariencia deberá ser tradicional al igual que tus protocolos, tu palabra, tus herramientas de trabajo, tu coche, tu oficina y todas las demás cosas que vayas a utilizar en el transcurso de tu trabajo y en la relación con tu cliente. Si eres dramático, lo mismo, y así con todos los estilos. Lograrlo no te costará ningún esfuerzo y te va a gustar por la razón de que tú eres así, sólo recuerda que el estilo corresponde a la esencia. Lo que pasa hasta ahora con todos es que como no hay conciencia del estilo y como se produce, fácilmente se cometen errores que ocasionan la incongruencia.

—¿El estilo puede aplicarse a otras cosas que no sean personas? —preguntó el vendedor.

—Buena pregunta —busqué en la presentación la diapositiva que decía:

ESTILO EMPRESARIAL

Y contesté:

—El estilo podrá aplicarse también a las empresas y así tendríamos empresas naturales, tradicionales, elegantes, románticas, seductoras, creativas y dramáticas. Pónganse a pensar en una empresa vendedora de ropa para adolescentes: tendrá que ser natural o creativa. Un banco, lo más seguro es que sea tradicional; una agencia de autos *premium* o una casa de bolsa, seguramente elegantes; una boutique de lencería podría ser seductora; un despacho de diseñadores gráficos sería aconsejable que fuera de estilo creativo; una fundación promotora de una causa noble debería ser romántica; un despacho de abogados podría ser dramático y así infinitamente. No estoy hablando de que exista la obligación de serlo, sino de que cada empresa deberá escoger el estilo que mejor vaya con su esencia.

—Además, habría más coherencia, ¿no? —remarcó la vendedora.

—Imagínate... si las empresas definieran su estilo podrían asegurar que todos los elementos humanos y materiales que las conformaran tuvieran coherencia y así posicionarse más fácilmente en la mente del consumidor. Gracias a mi trabajo como consultor en imagen pública he sido testigo de la gran problemática que tienen la mayoría de las empresas que por desconocer su estilo caen en procesos de estimulación contradictorios que confunden al comprador, como que su personal sea de un estilo y sus protocolos de otro, su publicidad de un tercero y su logotipo de un cuarto, sus oficinas de un quinto y sus catálogos de un sexto... Créanme, no estoy exagerando ¡Y luego se quejan de que los compradores no los entiendan! Como si éstos tuvieran la culpa. El problema está en que debido a la contradicción no tienen una imagen definida entre sus clientes y de ahí los problemas de bajas ventas o de falta de identidad entre el personal, la causa es que no saben quiénes son y mucho menos cómo expresarse con coherencia.

Por lo tanto, y basado en lo anterior, tengo una propuesta clara e innovadora para todas las empresas que deseen resolver el problema: —desplegué otra diapositiva de la computadora que decía:

PARA INGRESAR AL MUNDO DE LAS VENTAS CON IMAGEN LAS EMPRESAS DEBERÁN DEFINIR SU ESENCIA, SU ESTILO Y DESPUÉS HACER QUE TODOS LOS ESTÍMULOS QUE EMANEN SEAN COHERENTES CON ÉL.

Y expliqué:

—Esto quiere decir que con base en la esencia de la empresa que deberá estar definida en un manual de fundamentos, tendrá que determinar su estilo y después producir con ese mismo criterio todo aquello que va a percibir un cliente, por ejemplo, habrá que cuidar el estilo de sus vendedores, los productos, los empaques y las etiquetas, los catálogos, la publicidad, la papelería, los equipos de transporte, los uniformes del personal, etcétera.

Pero ahora pasemos a otro asunto todavía más interesante. Vamos a interrelacionar el estilo del vendedor con el estilo de la empresa y el estilo de los productos que venden para sacar unas cuantas conclusiones.

Hice una pausa, tomé un poco de té y corrí otra diapositiva que llevaba el título:

RELACIÓN ENTRE LOS ESTILOS DEL VENDEDOR, DE LA EMPRESA Y DEL PRODUCTO

Y una más que decía:

EL ESTILO DEL VENDEDOR Y EL ESTILO DE LA EMPRESA

—Debo iniciar esta parte haciendo una observación muy importante: Cuando les expuse la teoría del estilo como algo estrictamente personal, definido como la expresión de la individualidad, les dije que había estilos que podían mezclarse y funcionar como complemento secundario del estilo principal, por ejemplo, un individuo tradicional-romántico y, por otro lado, estilos antagónicos que no se podrían mezclar, por ejemplo, un tradicional-dramático. Esta aseveración funciona estrictamente cuando estamos hablando de cada uno de nosotros como individuos, pero cuando hagamos la interrelación del estilo individual del vendedor con los de la empresa, del producto y más adelante con el estilo de los clientes, habrá algunas excepciones a la regla que dejaré bien señaladas. Por ejemplo: el estilo natural puede tener como complemento el elegante, de tal manera que podría existir un vendedor de estilo natural-elegante; sin embargo, un vendedor muy natural tendrá problemas para vender un producto elegante, también para trabajar en una empresa de estilo elegante o para venderle a un cliente elegante, porque su parte natural lo disminuirá frente a la elegancia que requeriría para encajar a la perfección con el estilo de la empresa, del producto y del cliente elegantes. Recuerden, por favor, que el estilo no es algo absoluto, así que cuando hagan sus propias interrelaciones, abran su criterio.

Hecha la aclaración pertinente, continué con la explicación:

—Para empezar les pido que recuerden aquí el enunciado del principio número 4 de la imagen vendedora, llamado:

De la Concordancia de los Estilos:

"El estilo del vendedor deberá de concordar con el estilo del producto y de la empresa".

—Empecemos con la relación entre el estilo del vendedor y el estilo de la empresa para la que trabaja:

¿Qué le pasaría a un vendedor romántico que trabajara para una empresa dramática?

Que se sentiría apabullado todos los días.

¿Y a uno tradicional en una empresa creativa?

Que andaría perdido, no entendería nada y creería que todos están locos, menos él.

¿Y a una seductora en una empresa tradicional?

La tildarían de provocativa y casquivana.

¿Y a un creativo en una empresa elegante?

Que muy pronto lo considerarían ridículo y lo echarían fuera.

A cada pregunta que hacía los dos vendedores asentían con la cabeza, hasta que el vendedor preguntó:

—¿Y si para no perder su trabajo se disfrazara de elegante?

—Para empezar, va a estar difícil que lo logre —le advertí—, pero supongamos que haciendo uso de su creatividad lo haga. Tarde o temprano el falso estilo que haya adoptado entrará en conflicto con su esencia y hará que se sienta incómodo, atrapado, con pocas posibilidades de manifestarse, en pocas palabras, frustrado y lo más seguro es que termine renunciando a "esa empresa de puros estirados petulantes". ¿Ahora lo entienden mejor?

—Pero el principio mencionado también se aplica al producto. ¿También los productos tienen estilo? —siguió preguntando el vendedor y su pregunta coincidió con la exhibición de la diapositiva que ponía:

ESTILO DEL PRODUCTO

Y elogiando la oportunidad de la pregunta continué:

—La maravilla de la teoría del estilo es que puede aplicarse a prácticamente cualquier producto, ya sea entre varios de la misma marca o de diferentes marcas y tipos. Por ejemplo,

EL COMPRADOR NATURAL

—Cumplirá con las características descritas en el apartado del estilo natural por lo que será un cliente accesible que se comportará como un amigo. Como es poco sofisticado, hablará de manera clara, directa y sin rebuscamientos, por lo que en su exposición el vendedor deberá corresponder de la misma manera. Con él eviten las complicaciones y el exceso de información que no sea indispensable. Como buscará la comodidad, habrá que prestarle un servicio más allá de la simple venta, de la misma manera como un amigo trataría de ayudarlo en todo. Traten de no lucir cerrados y de no presentarle una larga lista de requisitos, pues saldrá corriendo.

El comprador natural congeniará fácilmente con un vendedor de estilo natural, tradicional, romántico o seductor.

Y es probable que tenga dificultad con un vendedor de estilo elegante, creativo o dramático, por lo que éstos deberán poner mucho cuidado en seguir las recomendaciones de trato especial que aquí especifico.

EL COMPRADOR TRADICIONAL

—Cumplirá con las características descritas en el apartado del estilo tradicional por lo que será un cliente serio que buscará rectitud y precisión durante toda la entrevista. Cuiden mucho qué van a estipularle, como características del producto, precio y condiciones, ya que odiará cualquier cambio que después quieran hacer y lo tomará como un defecto de organización de su parte. Enfóquense en características como la calidad, la durabilidad, la garantía y cualquier condición que pueda significarle confianza. Eviten señalar virtudes que connoten modernidad, pues lo tomará como algo nuevo poco experimentado y tal vez desconfíe hasta que lo "moderno" esté completamente probado por otros. No le gustará correr riesgos, así que no lo apresuren, pues la presión la tomará como acoso.

El comprador tradicional congeniará fácilmente con un vendedor de estilo tradicional, natural, elegante o romántico.

Y es probable que tenga dificultad con un vendedor de estilo seductor, creativo o dramático, por lo que éstos deberán poner mucho cuidado en seguir las recomendaciones de trato especial que aquí especifico.

EL COMPRADOR ELEGANTE

—Cumplirá con las características descritas en el apartado del estilo elegante, por lo que será un cliente distinguido y sereno. Ante él habrá que estar muy bien preparado pues su cultura será superior al promedio y será fácil que los sorprenda en alguna imprecisión. Mucho cuidado con alardear o presumir de algo que no sean, recuerden que él podrá ser todavía más que lo que ustedes intenten ostentar, así que no compitan. Como este tipo de cliente sabe que luce pudiente, odiará que de entrada intenten venderle lo más caro y lo tomará como un abuso de su parte. Recuerden que el hecho de que tal vez posea un gran capital no significa que quiera malgastarlo, así que háganle ver con igual elegancia los beneficios económicos que podrá obtener relacionando el precio del producto con su calidad. El cliente elegante amará la corrección de formas y el trato a nivel internacional. Por ello, los protocolos del vendedor deberán estar enfocados a la atención extrema y el servicio más allá de lo estándar, sin caer jamás en el servilismo o la falsa zalamería, actitud que repudiará con indignación.

El comprador elegante congeniará fácilmente con un vendedor de estilo elegante, tradicional o romántico.

Y es probable que tenga dificultad con un vendedor de estilo natural, seductor, creativo o dramático, por lo que éstos deberán poner mucho cuidado en seguir las recomendaciones de trato especial que aquí especifico.

EL COMPRADOR ROMÁNTICO

—Cumplirá con las características descritas en el apartado del estilo romántico por lo que será un cliente gentil, cálido y encantador. Por ser en extremo sensible procuren no mostrar brusquedad en sus formas, ya que fácilmente podrá considerarse agredido. Tengan paciencia, pues querrá primero conocerlos para después confiar y entonces proceder a comprar. No se extrañen que les haga preguntas de tipo personal o que se extienda en la conversación de hechos en apariencia triviales. Háganle sentir como en su casa, ofrézcanle café y la silla más cómoda que tengan. En la entrevista de ventas, traten de enfocarse en las características del producto que puedan utilizarse como ayuda para servir a los demás, ya sean su familia, sus amigos o sus clientes. Como el estilo romántico honra la palabra, bastará la de ustedes para que dé por hecho que se cumplirá; no le fallen en ninguno de los procesos administrativos, pues lo tomará como una gran decepción y jamás volverá a confiar en ustedes.

El comprador romántico congeniará fácilmente con un vendedor de estilo romántico, natural, tradicional o elegante.

Y es probable que tenga dificultad con un vendedor de estilo dramático, seductor o creativo, por lo que éstos deberán poner mucho cuidado en seguir las recomendaciones de trato especial que aquí especifico.

EL COMPRADOR SEDUCTOR

—Cumplirá con las características descritas en el apartado del estilo seductor por lo que será un cliente atractivo, sugestivo y provocador. **¡En este caso no se mimeticen!** Pues caerían en una competencia con él. Un cliente seductor necesitará una comparsa, alguien que le siga el juego como presa de su seducción, por lo que lo ideal será que a un cliente seductor lo atienda una vendedora y viceversa, a una cliente seductora un vendedor, poniéndose como recipiendarios de sus coqueterías y lucimientos personales, pero cuidándose de no caer en las redes de sus encantos, pues una vez que un cliente seductor siente que tiene hipnotizado al vendedor, se aprovechará de él. Será normal que sugiera un mejor precio, condiciones más amplias y un servicio más allá de lo normal, actitud comprensible porque antes muchos otros vendedores ya han caído rendidos en sus brazos. Recuerden que a un seductor siempre le gustará medir cuánto podrá obtener, por lo que tomarán la entrevista de ventas como un reto. Acostumbrado a salirse con la suya, necesitará ser tratado con una gran transparencia y a veces firmeza, pero con gran amabilidad. Como posee un gran ego hambriento de halagos, será buena estrategia alabar su buen gusto, su inteligencia y la oportunidad de sus preguntas. Elogiar alguna prenda que traiga puesta les agregará puntos a favor, pero tengan cuidado de jamás elogiar alguna parte de su cuerpo. Tratar con un comprador seductor será como alimentar a un pavo real al que le gusta que lo admiren... pero de lejos, pues acercarse de más provocará el despliegue de todo su plumaje para defenderse y demostrar la gran aversión que siente por su cercanía.

El comprador seductor congeniará fácilmente con un vendedor de estilo elegante, dramático, tradicional, natural o creativo.

Y es probable que tenga dificultad con un vendedor de estilo seductor o romántico, por lo que éstos deberán poner mucho cuidado en seguir las recomendaciones de trato especial que aquí especifico.

EL COMPRADOR CREATIVO

—Cumplirá con las características descritas en el apartado del estilo creativo, por lo que será un cliente espontáneo, algo descuidado con los detalles y muy original en sus formas. Si en la demostración del producto le dan mucha información, lo más seguro es que se sienta agobiado y se muestre desesperado, pues él ya sabe lo que quiere y el uso que le va a dar, así que podrán ahorrarse muchos de sus argumentos ensayados para convencer a otro tipo de clientes de que compren. Un cliente creativo podrá ver usos de un producto más allá del objetivo para el que fueron creados, así que eviten decirle que algo no se puede. Un cliente creativo no conoce fronteras para su imaginación; por favor, no se inquieten si entra al departamento de ferretería a comprar una pequeña caja de herramientas que quiere usar como bolso personal o una cadena que se enrollará como pulsera. ¡Ah! Se me olvidaba decirles que los clientes creativos suelen ser olvidadizos, por lo que será frecuente que olviden las condiciones que pactaron y habrá que recordárselas, sobre todo las de pago. Finalmente, no se alarmen si les extiende un cheque sin fondos, ya después les explicará que olvidó hacer el depósito en el banco por lo que mejor pasará a cambiar el medio de pago.

El comprador creativo congeniará fácilmente con un vendedor de estilo creativo, natural, seductor o dramático.

Y es probable que tenga dificultad con un vendedor de estilo tradicional, elegante o romántico, por lo que éstos deberán poner mucho cuidado en seguir las recomendaciones de trato especial que aquí especifico.

EL COMPRADOR DRAMÁTICO

—Cumplirá con las características descritas en el apartado del estilo dramático, por lo que será un cliente autosuficiente, impositivo y exigente. Un verdadero dolor de cabeza para un vendedor romántico y un rival a vencer para uno de su misma especie. Durante la discusión de algún punto, es conveniente no enfrentarlo contradiciéndolo, sino confrontarlo con las pruebas suficientes o los testimonios necesarios como para que saque por sí mismo sus propias conclusiones y decida a favor de la compra; esta estrategia exigirá del vendedor un gran conocimiento sobre el producto y sus posibles usos, y mucha experiencia con otros clientes. Hago hincapié en que será aconsejable que a un cliente dramático lo atienda un vendedor experimentado pues a un novato se lo comerá vivo. Por su tendencia vanguardista no será raro que haga sugerencias en voz alta sobre algún método administrativo que considere anticuado o sobre las posibles mejoras en la presentación de los productos, así que tendrán que desplegar mucha paciencia, escucharlos con atención y retroalimentarlos, diciéndoles que sus opiniones son muy valiosas y dignas de tomarse en cuenta. El comprador dramático siempre querrá lo mejor, lo más nuevo, lo más grande, lo que llame más la atención, así que podría decirles que se trata de un comprador superlativo que vivirá la experiencia de compra con gran intensidad. La mejor forma de saber si estuvieron ante un comprador dramático será al través del desgaste de energía que sentirán después de haberlo atendido.

El comprador dramático congeniará fácilmente con un vendedor de estilo natural, elegante, seductor o creativo.

Y es probable que tenga dificultad con un vendedor de estilo tradicional, romántico o dramático, por lo que éstos deberán poner mucho cuidado en seguir las recomendaciones de trato especial que aquí especifico.

—Como podrán apreciar, se trata de identificar el estilo

del comprador, intentar imitarlo con discreción, complementarlo en su actitud y durante el trato profesional ofrecerle el complemento conductual que lo haga sentir cómodo. Si lo logran puedo asegurarles que habrán avanzado tanto que la venta estará prácticamente cerrada.

Cuando giré para mirarlos estaban absortos. La cara de ella me revelaba entusiasmo y deseo de poner pronto en práctica los nuevos conocimientos, sin embargo la de él denotaba confusión, desesperación y desánimo. No me gustó y sentí pesar ante su actitud, por lo que decidí preguntarle directamente qué era lo que estaba pensando, si algo en la explicación estaba mal. El vendedor aclaró:

—No es una cuestión del conocimiento que quedó claramente explicado y hasta suena lógico —dijo el vendedor—, pero me doy cuenta de que tendré que estudiarlo varias veces para compenetrarme con cada concepto y tengo serias dudas de que pueda hacerlo, pues exige una capacidad que no creo poseer. La verdad, entre más vamos descubriendo, yo me voy sintiendo más y más inútil. Me doy cuenta de que he estado equivocado durante mucho tiempo creyendo que ya sabía todo y que no voy a poder cambiar de la noche a la mañana. Estoy desempleado, urgido de trabajo pues carezco de ahorros, mi autoestima está muy baja y he llegado a pensar que a mis casi cuarenta años soy un fracasado.

Nos tomó por sorpresa el resquebrajamiento anímico de nuestro amigo, quien se inclinó sobre la mesa poniendo la frente sobre el dorso de sus manos, tal vez para evitar que lo viéramos sollozar. El caso es que tanto la vendedora como yo nos quedamos sin saber qué hacer, así que no hicimos nada y guardamos un poco de silencio. No esperaba este desenlace después de una productiva jornada de trabajo en la que aparentemente todo había transcurrido sin contratiempos. Ahora tenía frente a mí a un hombre que necesitaba algo de ánimo, por lo que me dirigí al pequeño escritorio donde me ponían tarjetas en blanco para hacer anotaciones, tomé una y escribí sobre ella una información que pensé que le sería útil. Al volverme, le dirigí unas cuantas palabras de aliento que sonaron bastante inútiles, pues su ensimismamiento era total. Sin embargo, le di la tarjeta que guardó sin ver, pidió disculpas y solicitó poder retirarse cuanto antes pues no se encontraba bien. Le pedí un taxi, lo acompañé a la puerta y le dije que en cuanto se sintiera bien me hablara.

Cuando regresé a la sala de juntas, me encontré a la vendedora en actitud despreocupada. Estaba más guapa que nunca, era evidente que había refrescado su apariencia y no tenía actitud de quererse despedir. No supe qué hacer, me quedé callado, algo intimidado, por lo que ella tomó la iniciativa.

—¿Qué vas a hacer? ¿Tienes compromiso a comer? —me preguntó con obvias intenciones de que comiéramos juntos.

No, no tenía, y recordé que las citas que tenía en la tarde se habían postergado así que le pregunté qué era lo que proponía.

—Lo que sugiero es que me aceptes una invitación a comer —me dirigió la mirada más seductora que le hubiera visto hasta entonces—, ya hablé al club exclusivo al que pertenece mi padre y reservé un privado con una mesa para dos y una botella del mejor vino… ¿Aceptas? —lo dijo abriendo sus enormes ojos claros y con tal entusiasmo que hubiera sido dificilísimo decir que no —, es apenas una pequeña retribución a tanto tiempo y esfuerzo que nos has dedicado, así que yo invito.

¿Cómo decir que no? La ocasión no podía ser mejor. Tenía tiempo, iría a un lugar exclusivo con una bella mujer como compañía y además ella me invitaba, cosa que todavía no alcanzaba a manejar con soltura pues estaba acostumbrado a jamás dejar pagar a una mujer, pero los tiempos estaban cambiando. Recordé una ocasión en que había vivido una experiencia con una clienta que se había molestado ante mi negativa de aceptar su invitación, y había tomado mi rechazo como un acto de machismo, así que esta vez decidí dejarme llevar. Tomé del humidor un puro, arreglé frente al espejo de la sala el pañuelo de lino blanco de mi saco y cedí el paso a quien sería mi anfitriona por el resto de la tarde. Me sentí satisfecho, no cabía duda de que había días con suerte.

Sin embargo, durante el trayecto al restorán fugazmente pasó por mi mente el vendedor. No pude evitar compadecerlo, sentí empatía por él, lo que provocó que vinieran a mi mente los recuerdos amargos de los tiempos en los que me estaba iniciando. En ese entonces también llegué a sentir que la apuesta por una nueva forma de enfocar las cosas la había perdido ante la novedad de los servicios en imagen pública que aparentemente nadie necesitaba. Me estremecí al recordar lo cerca que había estado del fracaso total. Deseé que el vendedor no tuviera que pasar por más dolor y pronto encontrara su camino. ¡Ojalá leyera mi tarjeta!

CAPÍTULO DIECISÉIS

La nieta y el sueño

El vendedor caminó un buen rato sin alguna dirección específica. Se sentía abrumado, cansado y hambriento, así que entró a una cafetería barata para comer algo ligero. Durante el tiempo que estuvo comiendo no hizo otra cosa que pensar en el futuro. ¿Qué pasaría? ¿De dónde sacaría la fuerza para salir adelante? ¿Podría volver a las ventas? ¿Serviría de algo el tiempo que estaba invirtiendo en aprender conceptos nuevos? ¿Cómo iba a financiar el tiempo que restaba al aprendizaje? Tenía muchas dudas. Por un lado, anhelaba formar una familia, conocer a una buena mujer con quien tener hijos y un hogar estable, pero por el otro tenía verdadero terror al compromiso y sobre todo a no poder ser capaz de sostener la economía que su proyecto de vida requería. De pronto perdió el apetito y lo poco que había ordenado se quedó casi todo en el plato. Se recostó un poco en la silla, se estiró, regresó a la posición original, no sabía qué hacer así que sacó sus apuntes y releyó con desinterés las reglas que el filósofo le había dictado a la vendedora. Sintió un leve consuelo al leer una de ellas, la que decía que todo vendedor debería suponer que las cosas sucederían de manera positiva, pero le estorbaba el recuerdo de su padre, que no había hecho otra cosa que quejarse de todo lo que le sucedía en su trabajo y después en su vida. Lo más seguro era que esa forma de pensar negativa había sido la causa de la enfermedad que lo había llevado a la muerte. Él no quería terminar así, debía pensar positivamente y desear un futuro mejor.

Debía romper con la inercia de la vida que llevaba, sin embargo se sentía culpable por pensar que él pudiera triunfar como no lo hizo su padre. De pronto se sintió solo y desprotegido. No tenía alguien a quien acudir en busca de ayuda, salvo el consultor que estaba tratando de ayudarlos. "¡El consultor!", pensó, y de pronto recordó la tarjeta que él le había dado al despedirse. ¿Dónde la había puesto? La buscó con ansiedad en su carpeta de apuntes y no estaba. Intentó entre las cosas que guardaba en el bolsillo trasero del pantalón y por fin la encontró, la abrió y la leyó. Decidió pagar la cuenta y salir cuanto antes.

Poco tiempo después entraba en la extraña librería de viejo cuya dirección el consultor le había escrito en la tarjeta junto con el comentario: "Probablemente encuentres ahí lo que estás buscando". Nada más.

El sitio olía a papel de antes y la iluminación era escasa, apenas unos cuantos focos desnudos dejaban ver largos y altos estantes llenos de libros viejos clasificados por temas. Curioseando entre ellos, después de algún rato dio con un rótulo que decía "Estrategia" y como consideró que eso era precisamente lo que le hacía falta, empezó a hurgar entre los diferentes títulos. Había de estrategia en el ajedrez, estrategia financiera, estrategia naval, estrategia con las mujeres. Ése lo tomó, pero le pareció obsoleto. Siguió pasando los libros y en eso se le acercó una linda chica cuya apariencia desentonaba con el lugar. Era muy joven, limpia y parecía personaje campirano de alguna vieja película de vaqueros. Lucía con sencillez un vestido camisero de cuadritos rojos y blancos, zapatos de tacón bajo, llevaba muy poco maquillaje y su abundante cabello castaño recogido en una cola de caballo. Sus ojos color miel enmarcados en largas y rizadas pestañas oscuras brillaban en cada parpadeo, transmitiendo una sensación de candidez. El vendedor se sintió deslumbrado por su transparencia, algo había en su alma que lo había capturado. Ella le preguntó de manera muy educada si podía ayudarle en algo y cuando le contestó que estaba buscando algún libro de estrategia... pero de vida... ella, en vez de extrañarse, le hizo una expresión de claro entendimiento y con un ademán le pidió que la siguiera hasta la parte de atrás, en donde había una especie de oficina todavía más oscura que el resto de la librería. Ella le indicó que le presentaría a su abuelo, el dueño, quien seguramente podría ayudarlo, pues él sabía dónde se encontraba cada ejemplar de la librería.

El hombre se encontraba sentado detrás de una mesa iluminada por una vieja lámpara y estaba clasificando una pila de libros en tarjetas que encontrarían su lugar en pequeños archiveros de metal acomodados en un extremo del recinto. Todo el entorno parecía encapsulado en el tiempo. El anciano dueño traía puestas unas gafas de lectura de plástico cuadradas, una visera y mangas de plástico que le protegían del polvo que salía de los libros recién llegados. Parecía un bibliotecario de principios del siglo pasado. Cuando el vendedor entró detrás de su nieta, el dueño alzó la vista por encima de los lentes y le preguntó en tono cansino en qué podía ayudarlo. Después de las presentaciones de rigor, el anciano pareció muy interesado en el caso, y se enteró de la situación de vida que el vendedor estaba sufriendo. Le pidió que le acompañara a una sección especial de libros fuera del alcance de la gente que entraba sólo para curiosear.

—Creo que aquí encontraremos lo que anda buscando, veamos —dijo el bibliotecario mientras revisaba el estante y pasaba rápidamente los libros apartando los que le parecían adecuados—. Éstos creo que le servirán. No son justo de estrategia de vida, pero podrán adaptarse como tales, pues contienen enseñanzas que si se adoptaran como tácticas para triunfar, darían buen resultado, incluso hasta en las ventas.

El vendedor empezó a recibir uno a uno los tomos y fue revisando sus títulos. Uno era un libro oriental de estrategias de guerra presentadas como un arte, el siguiente había sido escrito hace más de quinientos años como guía para gobernar, el tercero era un libro contemporáneo que contenía recomendaciones para adquirir poder y, finalmente, cuando ya habían regresado a la pequeña oficina, el viejo sacó de un cajón bajo llave un ejemplar de un grueso libro que debía haber tenido muchos años guardado.

—Éste guárdelo bien, pues de esas ediciones no quedan muchos. Es un libro que no se lee de corrido, sino que es una obra de consulta para casos difíciles. Recíbalo como regalo de mi parte, pues veo que usted lo necesita como guía. Sólo una recomendación le doy —el bibliotecario abrió el libro por la mitad—, estudie antes este capítulo que indica cómo debe manejarse su poderoso contenido. Existen dos métodos para consultarlo, pero uno de ellos es muy complicado; le sugiero el otro, el de las monedas, que es mucho más simple. Tómelo con seriedad, consúltelo con inteligencia y verá que le ayudará a encontrar su camino, recíbalo como cortesía de la casa —el hombre le hizo un guiño, le puso el libro en las manos y le hizo señas a su nieta, quien acudió de inmediato a llevarse al vendedor hacia la parte de enfrente de la librería en donde se encontraba la caja. El bibliotecario sonrió satisfecho, pues sabía que había hecho lo correcto y volvió al trabajo en sus registros con esa misma sonrisa que le duró un buen rato.

La nieta se portó muy amable con el vendedor y le preguntó si había encontrado lo que estaba buscando. Cuando le respondió que creía que sí, mientras le envolvía los libros, ella siguió interrogándolo aparentemente muy interesada en su vida, en sus problemas. Él habló durante un buen rato a manera de imprevisto desahogo y ella lo escuchó con paciencia, incluso en una parte de la conversación puso la pequeña y tibia palma de su mano encima de la de él, como compadeciéndose de sus preocupaciones. Cuando se despidió, él tuvo la sensación de que había conocido a alguien importante y deseó volver a verla. ¡Qué bueno que ya no alcanzó a darse cuenta de que al retirarse, ella había suspirado inocentemente! Tal vez sus planes para el resto del día hubieran cambiado.

Durante el trayecto de regreso a su casa, el vendedor se preguntaba si habría hecho bien en gastar en libros el poco dinero que tenía, pero una extraña sensación de seguridad empezó a invadirlo conforme se acercaba el momento de estudiarlos. Cuando llegó, se puso una ropa cómoda y en la mesa del comedor colocó los cuatro libros en el orden que pensaba revisarlos. Empezó con el que el dueño de la librería le había obsequiado, lo abrió y empezó a hojearlo con ansiedad. Contenía una especie de capítulos no muy largos que estaban clasificados debajo de unos signos extraños acompañados de seis trazos lineales entre enteros y quebrados. Contó los capítulos, eran sesenta y cuatro; leyó algunos títulos atraído por sus nombres singulares: El Conflicto, El Entusiasmo, El Impedimento, El Pozo de Agua, La Necedad Juvenil, La Alimentación... "¡Un momento!", pensó y se detuvo con estremecimiento... "¡Eso ya lo conozco... es el libro que nos leyó El Oráculo!" y lo cerró de inmediato con miedo, como si hubiera infringido una ley oculta. Respiró hondo y recordó la recomendación de estudio que le había hecho el anciano de la librería, así que volvió a abrirlo y se dirigió a la página señalada con el título: "Acerca de la obtención del oráculo" y empezó a leer: "El oráculo obtenido mediante los tallos de Aquilea" y dos páginas después: "El oráculo obtenido por medio de monedas"; ése era el apartado que debía de estudiar.

Al finalizar la tarde, el vendedor estaba listo para atreverse a consultar la obra. Pensó su pregunta y la formuló en silencio: "¿Hacia dónde voy?". Siguió el sistema de consulta que había estudiado y el libro de sabiduría le contestó: "El Retorno, el tiempo del solsticio" y empezó a leer con emoción. Entendió que el libro le decía que así como el sol siempre regresaba en los solsticios, él se encontraba en la etapa del regreso, en el tiempo de la luz. Le señalaba que después de un derrumbe siempre llega el tiempo de la vuelta en el que lo viejo se va y se introduce lo nuevo, como en cualquier ciclo de la naturaleza. Que vendrían asociaciones con personas que profesarían las mismas ideas. Que lo que procedía era el tomar las cosas con calma y dedicarse a descansar dejando que el entendimiento volviera, dedicando el tiempo a la introspección y el autoexamen. Regresar para poder regresar y por lo tanto debía ubicarse, definirse, reconocer los errores para enmendarlos y sólo hasta entonces tomar la decisión de seguir avanzando. Que si así lo hacía su regreso sería exitoso. Si intentaba continuar como iba, sólo le traería desventura y desgaste prematuro. Cerró el libro y de pronto se sintió reanimado, no había de qué preocuparse sólo de qué ocuparse.

Al día siguiente, el vendedor no salió de su casa, prefirió estudiar los apuntes que llevaba hasta la fecha y adentrarse en sí mismo. Para ello estudió la guía de análisis de esencia que el filósofo le había dado a su compañera, se sentó a la mesa del comedor con un montón de hojas y se dedicó a escribir todo lo bueno y malo que sobre sí mismo se le vino a la mente. Experimentó momentos de gran alegría y otros que, aunque dolorosos, le permitieron reconocer dónde estaban los errores que había cometido, es decir, áreas de oportunidad que debía corregir. Al final del día, tuvo una visión clara sobre sí mismo. Esto le permitió reconocer que su caso tenía remedio y que pronto estaría de regreso... igual que el sol.

El segundo día de reclusión voluntaria, sólo interrumpida para salir a comprar algo que comer, lo pasó revisando los tres libros restantes, uno le pareció muy inteligente, pero no entendió de qué le podían servir estrategias de guerra si él no estaba inmiscuido en otra que no fuera contra sí mismo. Los otros dos eran muy severos y aconsejaban pautas de comportamiento que le parecieron rayanas en la falta de ética y estaba seguro de que algo así no se atrevería a implementar en su vida. Pasaron muchas horas en las que leyó y leyó, recreando los tiempos y lugares en los que los libros fueron escritos, preguntándose cómo debían haber sido personajes tan diestros y siniestros y de qué manera podría darle sentido a tantas recomendaciones que le habían dado. Era casi medianoche cuando se fue a dormir y el último pensamiento del día lo dedicó a recrear la figura de su padre. "Cómo me habría gustado que estuviera para consultarlo", pensó y se echó sobre la cama. Se sentía agotado, muy agotado.

Cuando volvió a saber de sí, estaba entrando en un gran salón hecho de piedra pulida aplicada en paredes y piso. De los muros colgaban grandes pendones con distintos emblemas de formas caprichosas y colores que representaban diferentes regiones territoriales. Haces de luz solar se filtraban por pequeñas y elevadas troneras que daban al recinto una atmósfera reverencial. Olía a humedad y a aceite especiado que se quemaba en un gran incensario ubicado al centro del salón. Un puñado de hombres armados con lanzas, escudos y yelmos lo llevaban escoltado para presentarlo ante al gran guerrero, el amo de todo cuanto le

metió a bañar, se sentía optimista, canturreó una canción, silbó y mientras se rasuraba pensó en la nieta del bibliotecario y su expresión frente al espejo cambió. Decidió que volvería a la librería a buscar unos cuantos libros más, no importaba si al final no compraba ninguno, lo importante era conseguir la manera de poder invitarla a tomar un café fuera de las horas de su turno. El resto de la mañana lo invirtió estudiando el libro de sabiduría que el anciano le había regalado. Era un libro fascinante por lo que se prometió frecuentar su consulta. Por la tarde se dio una vuelta por la librería y se encontró con la nieta. Sintió una sensación extraña en el estómago, como si se le hubiera encogido. Ella le preguntó cómo se sentía y le dijo que se alegraba mucho de volver a verlo. A él le costó trabajo hacerse el desentendido y anduvo como tonto deambulando por los estantes hasta que por fin ella se acercó a preguntarle qué era lo que estaba buscando. Nunca supo cómo fue que se atrevió a contestarle directamente, tal vez fue esa mirada melosa llena de inocencia y sinceridad que lo desarmaba en el acto, pero le respondió con honestidad y algo de vergüenza que era a ella a quien había ido a buscar, que si podía invitarla a salir. Así, entre sonrojos mutuos y risas nerviosas, ella le dio su teléfono en una tira de papel que arrancó de la caja registradora y él prometió hablarle para salir pronto. Habría querido que fuese ese mismo día, pero había un pequeño problema que resolver… no tenía con qué pagar la invitación y deseaba llevarla a un lugar bonito.

CAPÍTULO DIECISIETE

Las enseñanzas del gran guerrero

l día siguiente, nos reunimos los dos vendedores y yo en una de las aulas del colegio de imagen pública. El resto de los salones y salas de juntas estaban ocupados en diferentes asuntos empresariales, así que aproveché el salón para dar un ambiente didáctico a la reunión. Quería hablar de la metodología para crear una imagen vendedora y adentrarme en la tipología de la imagen pública que había esbozado apenas cuando les expliqué el estilo. Sin embargo, no conté con que el vendedor nos iba a abordar con el increíble relato de lo que le había sucedido en esos días. Cuando empezó a describir su experiencia y a mostrar sus apuntes yo me fui quedando cada vez más callado, maravillado, pues parecía una vivencia real y las notas habían sido escritas como si se las hubieran dictado. Cuando terminó de contar, respiré profundamente, pedí la palabra con un ademán y le dije:

—Tengo tres observaciones que hacerte. Primera, que me parece importante y significativo todo lo que te sucedió y que creo que a veces la mente toma extraños caminos para expresarse y comunicarse con otros planos de correspondencia, así que tomo tu relato con mucha seriedad. Segunda, que tenemos que ponernos a trabajar en aplicar los consejos del gran guerrero a las ventas con imagen, ya que me parece que son una gran aportación; y tercera… que debes empezar a cultivar a la chica que conociste, deberías haber visto tu cara cada vez que te referiste a ella, así que tonto tú si la dejas ir.

Los dos se rieron y él además se sonrojó ante la burla que le hizo la vendedora. Continué:

—Ahora bien, quiero revelarles algo muy importante —hice una pausa dramática y escribí con marcador negro en el pizarrón blanco:

¡Ya apareció el segundo huésped no convidado!

—Estoy seguro que es el gran guerrero y ahora te tocó honrarlo a ti —rematé contundentemente señalando al vendedor.

—¿Pero se vale que no haya existido? Al menos mi filósofo era real —dijo la vendedora como si se tratara de reglas establecidas.

—¿Y tú cómo sabes que no existió, si se me apareció aquí? —saltó el vendedor señalando su sien.

—Momento, momento —los paré—, me parece que su discusión es estéril. El punto no es si los tres huéspedes que anunció El Oráculo deberán o no ser reales, él sólo dijo que aparecerían y el segundo de ellos me parece evidente que ya lo hizo, así que dejémonos de discusiones y concentrémonos en las enseñanzas adquiridas. ¿Les parece?

No les quedó más que decir que sí, por lo que continué dirigiéndome al vendedor:

—La primera pregunta que le hiciste al gran guerrero fue acerca de los animales que deberías imitar y te contestó que el león, porque sabe imponerse a los lobos, y el zorro, porque sabe descubrir las trampas, dos cualidades que no saldrían sobrando en ningún vendedor. Saber imponerse a la hora de fijar precio y condiciones a los compradores lobos, y saber descubrir las argucias del comprador evasivo para anularlas.

—Debo confesar que yo lo tomé como recomendaciones de comportamiento a nivel personal pues me faltan la valentía del león y la audacia del zorro —se sinceró el vendedor.

—Creo que tienes razón y deberás cultivarlas; sin embargo, busco la aplicación práctica. Cualquier curso de acción necesita gran seguridad, si dudas o titubeas transmitirás inseguridad a la ejecución del plan, así que será mejor no intentarlo. En las ventas la timidez y el miedo son cualidades peligrosas y tendrás que eliminarlas o cambiar de actividad. Para avanzar en el logro de tus objetivos de vida deberás poseer tu dosis de audacia y valentía, es decir, de atrevimiento y coraje. Si por audaz cometes errores, siempre será posible corregirlos con algo más de audacia, ya que todo el mundo admira al audaz y está dispuesto a perdonarlo; por el contrario, nadie dará nunca algo por un miedoso. Ante cualquier reto, siempre será mejor atreverse e intentar superarlo que caer en la inacción por miedo o timidez.

El vendedor se quedó callado, y yo creí que me había propasado con la dureza de mi reflexión; sin embargo vi que movía la cabeza hacia delante asintiendo y que lo había motivado. Entonces interpreté que había funcionado como un acicate a su inamovilidad, así que continué:

—La segunda pregunta fue más amplia. ¿Qué debo saber sobre la guerra para aplicarlo en mi vida? E igual de amplia fue su contestación, que consistió en la enumeración de una serie de cinco elementos de juicio bélico que tendremos ahora que analizar para aplicarlos a las ventas con imagen —me detuve a revisar los apuntes—. De acuerdo con tus notas, el gran guerrero mencionó:

Influencia moral. Resuelve la cuestión del *Porqué*. La práctica de la moral concede a quien la cultiva una autoridad más poderosa que la autoridad formal. Quiero relacionar este factor con la regla número seis que nos legó el filósofo, la de la práctica de la ética aplicada al terreno de las ventas. Te compro porque confío en ti y te creo.

Tiempo. Resuelve la cuestión del *Cuándo*. "Sabia virtud de conocer el tiempo", dice una canción contemporánea y en torno a este concepto hay mucho escrito desde la Antigüedad, por ejemplo —tomé uno de los libros que había llevado el vendedor, busqué y leí textual—: "Generalmente, aquel que ocupa el campo de batalla primero y espera al enemigo, está descansado; aquel que llega más tarde a la escena y se precipita al combate, está fatigado". Lo que dice es que es importante saber cuándo llegar y cuándo retirarse. Veamos varias aplicaciones de este factor:

- En la puntualidad que debemos observar para nuestras citas como muestra clara del interés que tenemos en servir. Quien es puntual causa una buena primera impresión, quien no lo es provocará desconfianza respecto a la formalidad del proceso subsecuente a la compra.
- En la paciencia que todo vendedor deberá tener para darle al comprador el tiempo que necesite para analizar, preguntar y decidir en una entrevista de venta. Aquel vendedor que no sepa dar su tiempo al comprador y se precipite queriendo apresurar las cosas, seguramente se verá rechazado.
- En los tiempos que tomaría la celebración de una operación de compraventa desde el punto de vista administrativo, tomando en cuenta el hecho de que a nadie le gusta perder el tiempo en papeleos complicados ni en retrasos en los tiempos de entrega de la mercancía. Recordar que "Lo bueno, cuando breve, es dos veces bueno".

El Terreno. Resuelve la cuestión del *Dónde.* Es la determinación y el reconocimiento del escenario en el que se efectuará la entrevista de ventas. Éste deberá favorecerla. Aquél que tenga más conocimiento del terreno que pisa llevará ventaja sobre su contrincante; por lo tanto, será recomendable investigarlo antes de incursionar en él. Una buena táctica será llevar a la otra parte a tu propio terreno, convenciéndolo de que ello significa ventajas como: mayor rapidez de actuación, mayor cantidad de muestreo, constatación de las instalaciones, etcétera.

El Mando. Resuelve la cuestión del *Quién* y nos señala cinco cualidades que deberá poseer cualquier vendedor:

- Sensatez para manejar cambios y adecuaciones.
- Sinceridad para transmitir seguridad.
- Humanidad para simpatizar (concepto íntimamente relacionado con el principio de la imagen vendedora número nueve).
- Coraje para decidir sin vacilaciones y...
- Rigor, pues si es estricto, será respetado.

La Doctrina. Resuelve la cuestión del *Cómo*. Aquí nos marca la importancia del método tanto en las ventas con imagen como en la creación de una imagen vendedora. Hay una justificación de por qué es urgente que entremos a los terrenos de la metodología. Este elemento resalta la influencia que tendrá en una venta la capacidad de organización, control, regulación de abastecimientos y suministros de artículos de la empresa vendedora, y de todo aquello que esté relacionado con el proceso logístico posterior a una venta, ya que de nada servirá la buena actuación de un vendedor si todo lo que sigue a su esfuerzo no funciona de la misma manera.

Me detuve para volver a ver los apuntes y cerrar con el último cuestionamiento que había hecho el vendedor al guerrero:

—Y la tercera pregunta fue: "¿Cómo se adquiere el poder?" La respuesta fue una especie de cinco mandamientos del poder:

I.- Vence con acciones, no elucubraciones. Hechos, no palabras, ésa es la mejor forma de adquirir el poder. Al buen profesional se le reconoce por sus resultados. Quien hace no necesita decir. Recuerda que siempre serás dueño de tu silencio y esclavo de tus palabras, por lo tanto, cállate y actúa.

II.- Desarma a tu oponente utilizando la sinceridad y la generosidad. Ante la muestra de desconfianza, el oponente siempre reaccionará con desconfianza; ante la reserva, se reservará, así que romper ese círculo vicioso hablando con total franqueza abrirá un flanco por dónde entrar. Obsequiar algo que no ha sido pedido, otorgar más de lo esperado, provocará en el otro una actitud de relajamiento y apertura que permitirá obtener de él más de lo que originalmente estaba dispuesto a dar. El vendedor sincero y generoso tendrá más probabilidades de provocar la compra y vender más.

III.- Focaliza tus fuerzas. La división acarrea debilidad, la concentración fortaleza. El que a muchos amos sirve, con alguno queda mal; si te concentras en servir a uno solo, acabará sirviéndote. Es un error tratar de ofrecer muchas cosas, pues se acaba por vender poco. Sólo existe lo que se atiende. Concentrar la atención en un solo objetivo, y utilizar todas las fuerzas para conseguirlo, producen resultados.

IV.- Aprende cuándo detenerte después de triunfar. Ésta es una recomendación valiosa para todos los vendedores que ya son exitosos, ricos y poderosos y para los que van en vías de serlo. El poder y el dinero conllevan a la avaricia, la soberbia y la vanidad, tres de las peores tentaciones humanas. Éstas conducen a la sensación de invulnerabilidad, que a su vez hace que invariablemente se caiga en el exceso de confianza, el descuido y el riesgo innecesario que agota la propia capacidad. Uno de los errores más frecuentes que llevan al hombre a la ruina es no saber cuándo detenerse después de haber logrado un objetivo. La sensación del poder es una trampa muy traicionera, pues siempre hace creer al hombre que todavía se puede más y eso ocasiona que en la mayoría de los casos se exceda el límite de las capacidades y se acabe por caer estrepitosamente. Podríamos enumerar miles de ejemplos políticos, empresariales y sociales, contemporáneos o históricos, de individuos que habiendo tenido todo, por no saber cuándo detenerse, acabaron por perderlo todo. El poder tiene sus propias reglas y tiempos. La clave del éxito estará en controlar el objetivo siguiente y cuidar que la euforia del triunfo no ciegue la visión.

V.- Para ser poderoso, primero hay que parecer poderoso. Si pareces algo, te considerarán de la misma forma. Como te perciben te tratarán, si pides poco te darán poco, si pides lo que crees que mereces, te lo darán. Sin embargo, deberás conocer los límites, pues si te pasas y pides mucho, te tratarán de arrogante. La clave para saber la medida se las dará la palabra *dignidad*. Ser digno consiste en considerarse merecedor de algo, en ser correspondiente al mérito generado, en estar unido a aquello que hace que tengan valor las cosas y las personas. El principal obstáculo a vencer será el no considerarse merecedor de lo bueno, de lo mejor, un error de autoapreciación muy frecuente que produce baja autoestima. Si quieren ser tratados como vendedores exitosos deberán parecer vendedores exitosos y actuar y lucir en consecuencia. Rodéense siempre de lo mejor que puedan, recuerden que en el mundo de la imagen las cosas son lo que parecen ser.

—Ésa es la etapa inicial de la investigación —les dije—. Entonces van, se hacen los análisis y volverán al médico, quien revisará los análisis y radiografías y dará su diagnóstico. Ése es el objetivo de la investigación, contar con un diagnóstico.

Puse la lámina:

INVESTIGACIÓN ──────────➤ DIAGNÓSTICO

Y pregunté:

—¿Qué seguiría?

—Que nos recetaría medicamentos —dijo la vendedora.

—El tratamiento es la etapa de diseño. Es decir, después de estudiar los síntomas y los análisis, se identifica la enfermedad y hasta entonces se diseña la estrategia que se va a seguir para acabar con ella. De ahí se desprende la receta de los medicamentos y el tratamiento. El objetivo de esta etapa es diseñar la estrategia.

Cambié la diapositiva anterior y apareció

DISEÑO ──────────➤ ESTRATEGIA

Continué:

—Pero… ¿Qué pasaría si nos quedáramos ahí?

—Pues nada, no nos curaríamos. Tenemos que ir a comprar los medicamentos y después tomárnoslos —contestó el vendedor.

—Precisamente, tendríamos que entrar a la etapa de producción, lo que significa que debemos hacer posible que los medicamentos recetados existan y luego seguir las instrucciones del tratamiento y tomarlos. El objetivo de la etapa de producción es que los estímulos existan —expliqué y puse la lámina:

PRODUCCIÓN ──────────➤ ESTÍMULOS

Seguí con la explicación:

—Finalmente, ¿qué nos va a pedir el médico?

—Que volvamos a verlo para revisar cómo vamos. Tal vez

nos pida otros análisis de control y otras radiografías —siguió contestando el vendedor.

Corrí otra diapositiva y apareció:

EVALUACIÓN ———————▸ CONTROL

—Ésa será la etapa de evaluación. Aquella que nos dirá cómo vamos, si continuamos con el tratamiento o lo cambiamos y, sobre todo, si vamos en vía de curarnos. El objetivo de la etapa de evaluación será crear el control sobre el proceso. Si se dan cuenta, esta etapa no es otra cosa que una nueva investigación, por lo que podríamos considerar el proceso como un círculo metodológico infinito.

Proyecté la diapositiva siguiente:

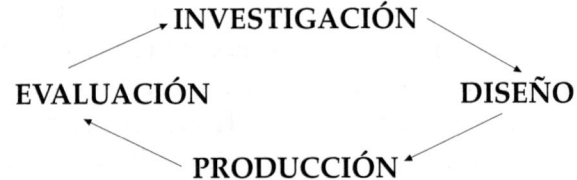

Y después concluí:

—A partir de la evaluación podemos volver a diseñar, producir y otra vez evaluar y así sucesivamente. Eso es lo bueno que tiene este proceso: es medible, permite darle seguimiento y ejercer el control sobre él.

Hice una pausa para dar un sorbo a mi té y aspirar una larga bocanada del puro. Iba a reanudar el tema cuando la vendedora dijo:

—Pues no está tan difícil. Del ejemplo puedo deducir que para hacer mi imagen vendedora primero investigo dónde estoy parada, después diagnostico mi punto de partida y mis necesidades, luego diseño la estrategia de estímulos para satisfacerlas, finalmente produzco los estímulos que impactarán al comprador y listo, he creado mi imagen vendedora. Ya después, si quisiera saber cómo voy, pues vuelvo a investigar y así me sigo, corrigiendo lo que esté mal y conservando lo que haya hecho bien —*Am I right?* —dijo con suficiencia en su impecable acento de escuela foránea, y aunque me impresionó su capacidad deductiva, adopté una actitud tan pesada, que me cayó mal, así que le dije:

—Pues en principio sí, así deberías proceder y puede parecerte fácil porque ya sabes el "qué"; sin embargo, todavía te falta conocer el "cómo". ¿O acaso ya lo sabes? —le dije con ánimo de ponerla en su lugar.

—El maestro eres tú, ¿cómo voy a saberlo? —me reviró, y preferí no engancharme en su conocido juego.

—Por supuesto, ahora veamos el cómo, *so please, pay atention* —ironicé su forma de hablar, acento y pesadez, y seguí con la explicación, ignorando su mueca de disgusto.

—En la primera etapa, procederemos a investigar hacia adentro y hacia fuera de nosotros. Para la parte interna realizaremos el análisis de esencia y la descripción del personaje que vimos anteriormente, definiremos nuestro estilo y desprenderemos una serie de normas de diseño y producción que lo respeten. Al mismo tiempo, investigaremos hacia fuera en dos direcciones: la de la percepción que se tenga de nosotros y la del escenario en el que nos desenvolveremos.

Ésta fue la diapositiva que puse:

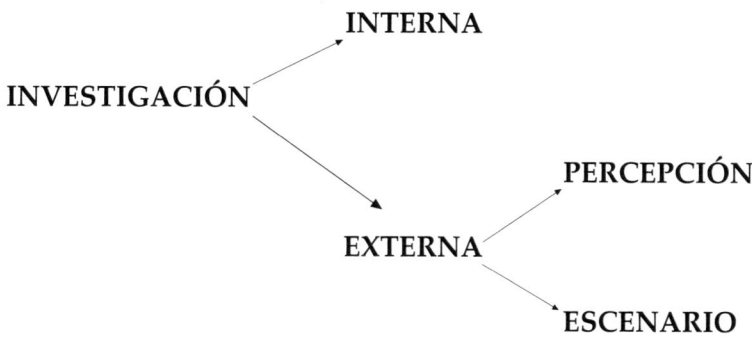

Entonces procedí a entregarles una hoja que contenía la guía de la etapa de investigación que decía:

En la etapa de investigación debemos realizar:

*   **Análisis de esencia y descripción de personaje.** Para ello contestarán el cuestionario de análisis de esencia y después redactarán su personaje, contestando a la pregunta: ¿Quién soy?
*   **Definición de estilo.** Contestarán el Cuestionario de Estilo.
*   **Normatividad de diseño y producción.** Las normas rectoras se desprenderán del estilo correspondiente a cada quién. Deberán describirlas como órdenes para todo lo que diseñarán y producirán.
*   **Investigación de percepción.** Elaborarán un pequeño cuestionario con los temas que más les interesen saber sobre su persona y su actuación profesional. Lo repartirán entre aquellos con quienes tengan trato frecuente, pidiendo que les contesten de manera anónima. Entre más cuestionarios entreguen, más información valiosa obtendrán. Hagan un resumen de todas las respuestas obtenidas y elaboren su diagnóstico.
*   **Investigación del escenario.** Para ello respondan a tres preguntas básicas: ¿En dónde actuaremos? ¿Con quién? ¿Qué herramientas necesito usar? Sean profusos en la información que desprendan de cada pregunta, ya que entre más datos conozcan mejor podrán diseñar su estrategia.

Una vez entregada la guía, di otra chupada al puro y seguí con mi explicación:

—Con base en la información que recabaron en la etapa de investigación, pasarán a las etapas de diseño y de producción, en las que planearán y producirán todos los estímulos verbales y no verbales que van a emitir, cuidando la coherencia de mensaje entre cada uno de ellos.

Para facilitar la realización ordenada de estas dos etapas, deberán seguir la clasificación de las imágenes subordinadas a la gran imagen vendedora. Éstas las mencioné someramente en días anteriores, pero a continuación las veremos en profundidad.

Corrí la diapositiva con el título:

como el azul claro, el crema o marfil y el rosa, comunicarán accesibilidad. Respecto a los patrones de las telas, los lisos comunicarán más autoridad que los estampados, que transmitirán accesibilidad; y en cuanto a las texturas, las telas delgadas comunicarán más autoridad que las gruesas, que serán más cálidas y amables.

—¿Nos puede dar ejemplos? —me preguntó el vendedor.

—Por supuesto. ¿Ven este algodón blanco con rayitas guinda? —tomé la tela—, las rayitas son el patrón. Esta tela sería adecuada para una camisa de accesibilidad que se llevaría bien con un saco sport hecho de esta otra tela —y mostré un casimir de lana azul marino que puse junto con la tela de la camisa para que vieran cómo combinaba. Tomé otra tela y agregué—: o con cualquier otra que sea gruesa como este *tweed* color marrón. Eso en el caso de ropa para clima frío; ahora bien, si es caluroso, esta lana tropical de color claro para un saco sport sería perfecta, lo cual quiere decir que el clima también importa en la selección de las prendas.

—Y para mí, ¿qué recomiendas? —dijo la vendedora.

—En el caso de las mujeres, la variedad de patrones, texturas y colores es mucho más amplia, así que sólo sigue las instrucciones que te acabo de dar. Cuando en una venta deseen comunicar cercanía, calidez, facilidad y amabilidad, porten códigos de accesibilidad; cuando deseen transmitir poder, firmeza, rigor o serenidad, porten códigos de autoridad. Vengan, vamos a otra tienda.

Salimos y nos metimos al almacén departamental más fino de la ciudad. Fuimos a los departamentos de dama y caballero y, mientras seleccionaba prendas, les explicaba:

—El tipo de prendas funcionará de la misma forma. Llevar saco y corbata te dará más autoridad que si no los portas —me dirigí al vendedor—, y una combinación de saco sport y pantalón, con camisa *botton down* te hará ver más accesible que si te vistes de traje y corbata. Lo mismo para ti —le dije a la vendedora—. Un traje sastre con saco y falda te dará más autoridad que una blusa con pantalón; y la zapatilla cerrada tendrá más autoridad que un par de sandalias, por más caras que sean. Recuerden que nada es bueno o malo, sino correcto o incorrecto de acuerdo con el mensaje de autoridad o accesibilidad que quieran transmitir.

—¿Yo de traje sastre?... ¿Qué tiene que ver con el estilo seductor? —dijo contrariada la vendedora.

—Por supuesto. Ajusta el largo de la falda ligeramente arriba de la rodilla, escoge bien el escote y tipo de la blusa, algo discreto pero coqueto, no uses medias y ponte un par de zapatos seductores y verás el efecto, se puede ser profesional sin perder lo seductor, el secreto está en controlar el significado.

Después de dejarlos curiosear varias prendas y sus precios, pasé al tema de los accesorios:

—Los accesorios que un vendedor use serán muy importantes, sobre todo aquellos que será inevitable que se perciban durante una entrevista de ventas: el portafolios, la pluma y el reloj. Lo primero es que el estilo de ellos deberá corresponder a su estilo a fin de conservar la coherencia. Lo segundo es que entre más calidad tengan, mayor poder y autoridad transmitirán. El resto de los accesorios como los zapatos, el cinturón, el bolso femenino, así como sus aretes, pulseras y collares, deberán observar las mismas dos recomendaciones. Ésas serán las normas de carácter general.

En ese momento propuse que entre los tres escogiéramos un atuendo completo para el vendedor. A mí me pareció muy ilustrativo, a la vendedora divertido y el vendedor quedó avergonzado pero muy agradecido. Conforme escogíamos las diferentes prendas él se fijaba en los precios e iba poniéndose cada vez más preocupado por cómo iba a pagar. Me dijo que no disponía de ese capital para gastar en ropa. Le contesté que no lo viera como un gasto sino como una inversión, ya que tenía que partir de un nuevo punto que lo mostrara mejor ante los demás. Le dije que del pago ya se preocuparía después, cuando fuese productivo, que por lo pronto yo lo financiaría, que se dejara producir su nueva imagen física vendedora y gozara la experiencia. Empezamos por un traje de raya de gis delgada, color gris Oxford, recto, de tres botones, elaborado en casimir 120. Le escogí una camisa blanca de algodón sin bolsa de pecho con puño doble y un par de mancuernillas discretas. Una corbata de tela *jacquärd* que combinaba colores sobrios, unos calcetines largos negros, un par de zapatos y un cinturón de color negro y *¡voilà!* el atuendo estaba completo. Fue increíble atestiguar cómo iba cambiando de actitud conforme íbamos agregando las prendas que debía ponerse hasta finalmente adoptar frente al espejo una pose digna de fotografía. ¡El tipo estaba transformado! Tanto, que hasta la vendedora le silbó como piropo. Dicen que el hábito no hace al monje... ¡Pero cómo ayuda! También dicen que aunque la mona se vista de seda, mona se queda, refrán que yo corregiría con la frase ¡Pero si se viste de seda... más mona queda!

El vendedor cargó con gusto todas sus bolsas de compras y feliz nos siguió por el centro comercial sin chistar, mientras pensaba en la manera en que se dejaría ver frente a la nieta vestido así. Decidió que la invitaría a comer, no... mejor a cenar, en cuanto pudiera.

Conforme íbamos recorriendo otras tiendas, las preguntas de ambos fueron incrementándose cada vez más hasta sumar decenas. Por supuesto que la vendedora no pudo resistir la tentación de comprar un atuendo profesional pero seductor completo, por lo que también contó con mi asesoría personal, experiencia que le gustó tanto que incluso se atrevió a decirme que nunca había conocido a un hombre que supiera escoger ropa de mujer.

—Serías la delicia de cualquiera —me dijo sugerente, como si deseara tenerlo y como si el hecho al que yo estaba acostumbrado fuera algo extraordinario. No obstante que la experiencia la había vivido muchas veces con mis clientas empresarias y políticas, en este caso me sentí intimidado, así que fingí no acusar recibo del atrevido comentario.

Cuando nos sentamos a comer ya era tarde y estábamos cansados, sin embargo mientras estábamos en la mesa les pedí que fueran anotando en sus cuadernos todas las recomendaciones que les había hecho, separadas en las masculinas y las femeninas. Salieron cuarenta normas para cada uno, que quedaron descritas así:

CUARENTA RECOMENDACIONES DE IMAGEN FÍSICA VENDEDORA PARA HOMBRES

Recomendaciones de vestuario y accesorios:

1. La camisa con puño de botones comunica accesibilidad.
2. Retiren el segundo botón de los puños de su camisa una vez que hayan decidido qué medida de abertura le queda más cómoda.
3. La camisa con puño francés para mancuernillas es signo de autoridad y poder.
4. Las mancuernillas deben ser discretas y lo más finas posible. Eviten en ellas cualquier piedra que brille.
5. El uso de joyería masculina debe limitarse al reloj, las mancuernillas y la argolla matrimonial. Eviten pulseritas de cualquier tipo, cadenas en el cuello o por encima de la corbata y anillos en el dedo meñique.
6. La medida del cuello de la camisa debe ser exacta, de tal manera que quede confortable pero sin verse holgado.
7. La camisa con botones en el cuello (*button down*) se debe usar con combinaciones sport.
8. Eviten el uso de camisa de manga corta con saco y corbata.
9. Utilicen un buen bolígrafo, es símbolo de autoridad y poder.
10. No guarden el bolígrafo y otros accesorios en la bolsa de pecho de la camisa. Usen el bolsillo interior del saco.
11. No carguen consigo más de un implemento de escritura. No tiene clase llevar el juego completo de bolígrafo, lapicero y pluma fuente.
12. Inviertan lo más que puedan en sus zapatos, la calidad se nota y aumenta la presencia profesional de todo el atuendo.
13. Conserven sus zapatos en hormas de madera, les durarán el triple. La causa de que el calzado se vaya deformando es

la humedad natural que les ha transmitido el pie al secarse con el enfriamiento nocturno. La horma absorbe la humedad y permite que se enfríen sin deformarse.

14. Por favor, no sean ustedes de los que usan mocasines con traje oscuro. Cuando se portan códigos de autoridad se usan zapatos de agujetas.

15. Con combinaciones sport se usa cualquier tipo de mocasines.

16. Eviten usar botas o botines con traje.

17. En los zapatos procuren los colores negro y café oscuro. Eviten el azul, el gris, el beige y las combinaciones de dos tonos.

18. El cinturón y el zapato del hombre deben ser del mismo color.

19. Los calcetines deben ser largos. Eviten el desagradable efecto que causa el mostrar parte de la pantorrilla al cruzar la pierna.

20. Los calcetines deben usarse del color de los zapatos o del pantalón. Eviten los colores claros, prefieran siempre usar colores oscuros: negro, azul marino y café.

21. Usen calcetines lisos sin dibujos. Eviten el uso de calcetines "ejecutivos" transparentes, tipo media de mujer, también de calcetas deportivas o con dibujos y colores llamativos.

22. Una corbata fina aumenta la calidad de todo el atuendo.

23. El nudo de la corbata debe ajustar perfectamente en el ángulo de cierre del cuello de la camisa.

24. La punta de la corbata debe llegar a la altura de la hebilla del cinturón. Si su estatura es muy baja y todas las corbatas les quedan largas, mándenlas recortar; si son muy altos, o muy gordos, y todas les queden cortas, compren la tela y mándenlas a hacer a su medida.

25. Será un detalle de calidad usar pañuelo en el saco siempre y cuando sea de lino, de color blanco y se coloque de manera muy discreta.

26. Evite usar pañuelo en el saco a juego con la corbata.

27. Tenga al menos tres tipos de relojes: uno elegante con correa. Uno de acero lo más neutral posible y otro del tipo deportivo.

28. El portafolios debe ser fino y conservarse en buen estado.
29. El grueso del portafolios va en relación directa a la posición de autoridad y poder. Entre más poder se tiene, más delgado es el portafolios.
30. Una buena cartera es signo de autoridad. No descuiden su estado ni la traigan llena de cosas prescindibles.
31. Procuren que en su atuendo no haya varios elementos que llamen la atención. Hagan que el punto de atención se dirija hacia uno sólo.

Recomendaciones de aliño personal:

32. Posean y conserven un buen corte de cabello. Verifiquen su peinado antes de cualquier aparición pública.
33. El cuello de la camisa debe estar muy bien planchado y cerrar de manera perfecta al abotonarlo.
34. Nunca se pongan unos zapatos sucios o dañados. Lústrenlos a diario.
35. Siempre abotonen su saco al ponerse de pie.
36. El uso de una loción en el trabajo debe estar limitado a un aroma fresco y discreto.
37. Cuiden su aliento. No coman ajo, cebolla o fumen antes de una entrevista de ventas.
38. Recorten periódicamente el vello de la nariz, las orejas y los largos pelos de las cejas.
39. Mantengan siempre limpias y arregladas las uñas de las manos.
40. Los hombres deben evitar el barniz en las uñas. Se ve afectado.

Y en el caso de las mujeres quedaron así:

CUARENTA RECOMENDACIONES DE IMAGEN FÍSICA VENDEDORA PARA MUJERES

Recomendaciones de vestuario y accesorios:

1. Una buena imagen física aumenta la percepción de eficiencia, poder y éxito.
2. La buena imagen vendedora comienza con una buena silueta. Estar en buena forma comunica energía, eficiencia y alta autoestima.
3. El guardarropa mínimo de una vendedora está formado por: 2 trajes sastre: uno oscuro y uno claro; 3 pantalones: negro, beige y azul marino; 3 faldas de los mismos colores; 6 blusas: 3 camiseras y 3 cardigan que combinen con los trajes, los pantalones y las faldas; 3 pares de zapatos: negros, café y beiges.
4. Es preferible un buen traje sastre a tres de baja calidad.
5. Utilicen un bolígrafo de calidad, es símbolo de autoridad y poder.
6. No carguen consigo más de un implemento de escritura. No tiene clase llevar el juego completo de bolígrafo, lapicero y pluma fuente.
7. Inviertan en sus zapatos, la calidad se nota y aumenta la presencia profesional.
8. Utilicen botas y botines únicamente con pantalones.
9. Los tacones del calzado femenino profesional miden 5 cm.
10. El cinturón, los zapatos y la bolsa ya no deben ser necesariamente del mismo color pero sí estar en armonía.
11. El ancho del cinturón debe ser proporcional al tamaño corporal. La hebilla debe ser discreta.
12. Una mascada aumentará la presencia de todo el atuendo.
13. Tengan al menos tres tipos de relojes: uno elegante con

correa, uno de acero lo más neutral posible y otro del tipo deportivo.

14. El portafolios debe ser fino y conservarse en buen estado.
15. La mujer vendedora debe llevar bolsa o portafolios, pero no los dos. Sugiero que busquen un portafolios femenino que sea lo más parecido a un bolso y lo suficientemente amplio como para que, además de sus cosas de trabajo, les quepa un juego pequeño de cosméticos básicos.
16. Una buena cartera es símbolo de poder. No descuiden su estado ni la traigan llena de cosas prescindibles.
17. El maquillaje ejecutivo es minimalista. Esto quiere decir poco y discreto en su color.
18. El tono de los labios deberá coordinar con el del guardarropa.
19. El resto del maquillaje deberá coordinar con el de los labios y el guardarropa.
20. Los accesorios femeninos profesionales son discretos.
21. Eviten los *piercings*, tatuajes y pulseras de tela para la buena suerte.
22. El color de las medias debe ir en armonía con el color de la falda.
23. Prefiera el uso de medias oscuras.
24. Evite usar medias negras con dibujos seductores o encajes. No concuerdan con una postura profesional y correrá el riesgo de ser mal interpretada.
25. Evite los contrastes de color entre el zapato y la media.
26. Evite usar zapatos claros con medias oscuras.
27. El zapato que muestra los dedos de los pies se usa sin medias. Doy por hecho que saben que las sandalias tampoco.
28. El calzado que muestra los dedos de los pies exige un perfecto pedicure.
29. Cuando no sepan qué hacer pónganse medias de color natural.
30. Eviten la minifalda y los escotes pronunciados en el trabajo.
31. La estatura y la forma y largo de las piernas determinarán el largo ideal de la falda.

32. Procure que en su atuendo no haya varios elementos que llamen la atención. Haga que el punto de atención se dirija hacia uno solo.

Recomendaciones de aliño personal:

33. Posean y conserven un buen corte de cabello. Verifiquen su peinado antes de cualquier aparición pública.
34. Las mujeres profesionales no usan el cabello largo. (Largo es todo aquello que sobrepasa la línea de los hombros.)
35. Nunca se pongan unos zapatos sucios o dañados. Manténgalos limpios y en buen estado.
36. El uso de un perfume en el trabajo debe estar limitado a un aroma fresco y discreto.
37. Cuiden su aliento. Jamás fumen ni coman cebolla o ajo antes de una entrevista de ventas.
38. Mantengan siempre limpias y arregladas las uñas de las manos. Las mujeres vendedoras deben evitar usar las uñas largas y menos si son postizas.
39. El color de las uñas debe ser discreto. El *french manicure* será una buena solución pero debe ser hecho por un especialista.
40. La mujer profesional nunca se maquilla frente a otros. Ni en su escritorio, ni en la mesa durante comidas de negocios. Deberá buscar en todo caso la privacidad del baño.

Cerré la escritura de las recomendaciones señalando que a partir de hoy deberían entender al vestuario, los accesorios y el aliño personal como un sistema de signos. Que la moda debe siempre subordinarse a la esencia, el estilo, el tipo de cuerpo y cara y el color de la piel, ojos y cabello que cada quien tenga. Que nunca más fueran a pensar en el cuidado de la imagen física como algo frívolo o superficial pues para las ventas constituía la llave para abrir o cerrar la puerta de la aceptación.

Cuando terminamos de hacer el resumen ya era de noche, así que cansados, llenos de bolsas y deseosos de llegar a nuestras respectivas casas, nos dirigimos a nuestros autos no sin antes quedar de acuerdo para nuestra siguiente cita en la que veríamos la segunda parte de la imagen física: El Lenguaje Corporal.

CAPÍTULO VEINTE

El lenguaje corporal en las ventas con imagen

¿Me puedes decir qué es la kinesia? —le pregunté a la vendedora para iniciar el conocimiento con el que abrí la nueva sesión.

—Me suena… me suena. ¿Algo relacionado con técnicas de acondicionamiento físico? —contestó intentando no quedar como ignorante.

—No… ¿Y tú? —me dirigí al vendedor—. ¿Has oído hablar de la kinesia?

—No tengo la menor idea —contestó con sinceridad prefiriendo la ignorancia al ridículo.

—Pues resulta que se trata de la ciencia que se ha desarrollado en torno del lenguaje del cuerpo, conocimiento que tiene relativamente poco, comparado con otras ciencias seculares, de haberse empezado a estudiar seria y sistemáticamente. *Kinesia* es el nombre que recibe el conjunto de estudios científicos que se encarga de la interpretación de los movimientos del cuerpo como códigos de comunicación no verbal.

—¿La manera como nos movemos es una ciencia? —preguntó ella.

—No precisamente, pero sí su interpretación. Todos usamos el lenguaje corporal y sabemos "leerlo" pero el estudio de cada movimiento del cuerpo y su significado, sí lo es —le aclaré y continué:

—"El cuerpo no sabe mentir y es el atajo directo al corazón", solía decirme mi maestra de lenguaje corporal hace muchos años. Ella me explicaba que era perfectamente posible sostener un diálogo sin palabras usando sólo el cuerpo para expresar todas las cosas que se quisieran decir. Hoy, en los seminarios de imagen no verbal que imparte el Colegio de Consultores en Imagen Pública, hago el ejercicio de poner a dos participantes a "hablar" con el cuerpo una situación determinada y los resultados son sorprendentes. El experimento, además de añadir diversión a la enseñanza, demuestra siempre que cualquiera puede llevarlo al cabo, tal como mi maestra afirmaba. Todos manejamos el lenguaje corporal, todos lo entendemos, pero pocos lo sabemos utilizar a nuestro favor de manera consciente. Lo que decimos con palabras de manera oral lleva siempre el complemento del lenguaje corporal que de manera inconsciente suele confirmar o contradecir el mensaje verbal. Entonces, conocer y usar a voluntad los códigos de comunicación corporal permite dar mayor fuerza a las palabras, aumentar el contenido emocional de las mismas o disimular las emociones, precisar o sugerir contenidos, abrir o bloquear la comunicación, en suma, aumentar las probabilidades de lograr influir en quien nos escucha. Imaginen ahora el poder adicional que la kinesia le daría a su imagen vendedora.

—¿Podría hacer que un cliente nos comprara? —preguntó el vendedor extrañado.

—Así como si fuera magia… no, pero utilizado en el momento adecuado, podría hacer que un cliente se sintiera mejor atendido o que percibiera mayor seguridad en lo que le están explicando, y eso aumentaría ventajosamente la probabilidad de convencerlo de que debe comprar. Pero la cosa no pararía ahí… ¿Les gustaría saber en qué piensa el cliente mientras ustedes están tratando de convencerlo?

—Ahora sí parece magia —se burló ella, haciendo con las manos un movimiento que emulaba al de una varita mágica.

—Pues no lo es —la atajé—. Lo que sucede es que gracias a la kinesia podríamos observar los movimientos inconscientes que realizaran nuestros clientes y de ahí sacar conclusiones.

Nos encontrábamos en el salón de recepciones de la agencia, era media tarde, acabábamos de comer cada quien por su lado y, por lo tanto, quería hacer la sesión lo menos tediosa posible, así que sugerí que fuéramos al grano y que para tal efecto dividiéramos la aplicación de la kinesia a las ventas con imagen en dos partes: El lenguaje corporal del vendedor y la lectura de los movimientos corporales que hace el comprador. Bajé la pantalla eléctrica, encendí la computadora y puse la primera diapositiva que llevaba el título de:

EL LENGUAJE CORPORAL DEL VENDEDOR
LA CONDUCTA TÁCTIL

Y empecé por explicar:

—Dentro del lenguaje corporal, la parte de la conducta táctil ocupa un lugar preponderante debido a que la piel es el órgano más grande de nuestro cuerpo y encierra uno de los sentidos más placenteros que pueda existir: el tacto. La manera de tocar a los demás y cómo ellos nos tocan, representa también un código de comunicación no verbal que se divide en cinco grandes grupos: El profesional, el de social-cortesía, el de amistad-calidez, el de amor-intimidad y el sexual. Empiezo por referirme a la conducta táctil del grupo social-cortesía, que un vendedor deberá utilizar todos los días: el saludo.

Un saludo bien dado puede significar puntos a favor en una relación con un comprador, mientras uno incorrecto enviará una serie de mensajes erróneos que nos impedirán avanzar en nuestras pretensiones. Y ustedes... ¿Cómo saludan? —hice una pausa para que pensaran.

—Pues... normal, ¿no? —dijo la vendedora.

—Depende de lo que entiendas por *normal* ya que mucha gente se ha acostumbrado a saludar de manera equivocada, por ejemplo: como princesa, como bomba de agua, pescado, truenahuesos o padrecito —observé que se estaban riendo—. Se los digo porque cualquiera de ellos estará equivocado. La princesa saluda ofreciendo únicamente la punta de los dedos y transmite debilidad y desprecio; la bomba de agua saluda zangoloteando el brazo del otro y transmite impertinencia; el pescado saluda frío, mojado y aguado, y causa desagrado —vi que el vendedor se secaba la palma de la mano en el pantalón—; el truenahuesos aprieta excesivamente la mano de su víctima y transmite dominación y machismo —ella dijo *ouch*—; y, por último, el padrecito colocará tu mano entre las suyas y te dará palmaditas condescendientes como si fueras inferior o necesitaras consuelo. Errores frecuentes adicionales serán el no establecer contacto visual durante el apretón de manos, lo que hace sentir al otro desconfianza; no sonreír, lo que impide la posibilidad de agradar de primera impresión y no escuchar el nombre de quien saludamos, lo que luego dificulta que recordemos cómo se llamaba.

—Entonces… ¿Cómo debemos saludar? —preguntó el vendedor.

—El saludo correcto deberá darse completo, uniendo el pliegue de piel que está entre los dedos pulgar e índice con el de la contraparte, apretando firmemente su mano pero con tacto, como si se fueran a sujetar un pajarito. Su tiempo de duración no rebasará los tres segundos, lapso en el que deberán además hacer contacto visual, sonreír, escuchar el nombre del otro y repetirlo antes de decir el propio.

—Suena muy complicado —dijo ella—. Prefiero hacerlo más natural, decir hola y dar un beso de ladito o algo así.

—Se vería poco profesional —le dije—. Saludar correctamente suena difícil pero no lo es, a ver… ponte de pie y vamos a practicar.

Nos paramos frente a frente, ella no se intimidó y empezamos a reproducir primero la forma de saludar incorrecta, la que todo el mundo hace, y luego la correcta: saludo completo, ver a los ojos, sonreír, escuchar el nombre, repetirlo y decir el propio. Cuando después de poco tiempo lo dominó, me preguntó:

—¿Y qué pasa si saludo de beso?

El cuerpo del comprador *endomorfo* corresponderá al tipo blando, redondo y gordo.

El del comprador *mesomorfo* al robusto, no gordo ni flaco sino en buen estado físico y con cierto grado de musculatura, pudiendo ser hasta atlético.

El cuerpo del comprador *ectomorfo* corresponderá al tipo delgado, alto y en apariencia frágil.

—Los gorditos son más amables y simpáticos, los flacos más duros de roer y los regulares luego, luego, te quieren ligar —aseguró la vendedora despertando nuestras sonrisas masculinas.

—Bueno... digamos que estás cerca, pero los estudios los definen con más precisión mencionando muchas cualidades para cada tipo —especifiqué con autoridad—. Aquí sólo voy a mencionarles las que considero más relacionadas con su trabajo de ventas con imagen: El comprador endomorfo será relajado, complaciente, perezoso, pausado, cooperativo, afable, tolerante, comprensivo, dependiente y sociable. Un comprador así necesitará ser tratado sin prisas, sin tensiones, creándole una atmósfera de amistad y brindándole una mayor ayuda, lo que representará para el vendedor más tiempo y trabajo pues requerirá un servicio extra y mayor involucramiento en el proceso general. Por otro lado, este tipo de comprador estará dispuesto a esperar más, a pasar por alto cualquier pequeña falla considerándola humana y normal por lo que será raro que se enoje. Sin embargo, no por ser un "pan de Dios" se confíen y abusen de él.

El mesomorfo será un comprador dominante pero confiado, enérgico pero decidido, impetuoso y competitivo. Será dogmático y caerá fácilmente en discusiones cuando el vendedor no esté de acuerdo con él o incurra en errores de conocimiento. Otras características distintivas serán su competitividad, su espíritu emprendedor y su audacia. A este comprador deberán desfogarlo dejándole que se explaye todo lo que quiera hasta que saque sus propias conclusiones, de las que deberán estar pendientes para proceder al cierre de la compra. No alarguen demasiado cualquier exposición y vayan cuanto antes al grano. Eviten las confrontaciones de opinión directas, pero esgriman razones con gran conocimiento, pues si los ve seguros será confiado. Es el mejor negociador de los tres tipos, así que deberán estar preparados para ceder y pedir.

El comprador ectomorfo será reservado, ansioso, reticente, reflexivo, preciso y meticuloso. Se portará frío, serio y suspicaz, pero será apacible. A un cliente así trátenlo con gran seguridad, pues si los ve dudar se retirará de inmediato y los descalificará. Sean cuidadosos con lo que le ofrezcan pues exigirá su cumplimiento exacto y la falta a lo prometido causará frecuentes cancelaciones. No será raro que después de que ustedes le hayan invertido mucho tiempo contestando a sus abundantes preguntas, todavía solicite un tiempo adicional suficiente para pensar la compra con más detenimiento. Le gustará ser tratado con gran respeto y consideración y que se porten con mesura y discreción. Si le gustan y lo convencen, de los tres será el más leal y regresará a ustedes en cuanto los vuelva a necesitar.

Terminé de explicar los tres tipos y les advertí:

—Estas descripciones, aunque comprobadas en miles de casos que han permitido a los científicos sacar conclusiones, no funcionan como reglas estrictas e invariables, así que podrán toparse con excepciones, pero cumplen con servir de útil guía para anticipar las reacciones del comprador en la mayoría de los casos a los que se enfrenten.

Hice una pausa que el vendedor aprovechó para preguntar:

—¿Y cómo podemos saber si un cliente nos quiere comprar o no?

—Eso requerirá primero que ustedes desarrollen la habilidad de observar detenida pero discretamente a su cliente mientras están haciendo su presentación de ventas o contestando a sus dudas u objeciones. Poco a poco irán acostumbrándose a distinguir ciertas características en el movimiento de su cuerpo que les delatarán si está a favor o en contra de lo que ustedes estén proponiéndole. Veamos las más significativas:

Diez indicios corporales de que el comprador
está pensando decir que sí:

—Un comprador estará más dispuesto a comprarles sí:

1. Hace contacto visual con ustedes mientras los está escuchando.
2. Se inclina hacia delante en los puntos clave de la presentación.
3. Sonríe al mostrarle cualquier elemento visual.
4. Se echa para atrás, se lleva la mano a la barbilla y eleva la vista en los momentos de hacer cálculos matemáticos o temporales.
5. Asiente con la cabeza mientras escucha.
6. Mantiene los brazos y las piernas abiertos y relajados.
7. Se le dilatan las pupilas.
8. Disminuye la distancia que se interpone entre ambos.
9. Abre de más los ojos y levanta las cejas.
10. Ejerce cualquier tipo de conducta táctil posterior al saludo.

Cuando identifiquen cualquier señal positiva, deténganse y pregunten al cliente qué le parece lo que está viendo o escuchando y si le gustaría comprarlo. Escuchen con detenimiento la respuesta, pues es posible que puedan ahorrarse varios pasos de la entrevista y deban cerrar el trato antes de lo pensado.

Diez indicios corporales de que el comprador
está pensando decir que no:

—Por el contrario, un comprador presentará más dificultades
para comprarles si:

1. Cuando habla o escucha no hace contacto visual.
2. Cuando habla carraspea y se lleva la mano a la boca.
3. Voltea a ver insistentemente el reloj.
4. Hace gestos de desagrado.
5. Cuando habla señala con el dedo índice como regañando.
6. Gira su postura y se ofrece de costado al hablar.
7. Agranda la distancia que lo separa de ustedes.
8. Acepta interrupciones telefónicas o personales.
9. Cruza las piernas y los brazos.
10. Durante la presentación niega con la cabeza.

Cuando descubran cualquier señal negativa deténganse, no
sigan hablando y mejor pregunten si hay algo que deban aclarar
con mayor profundidad. Si el cliente continúa dando muestras
de desacuerdo, pregunten de manera directa qué es lo que está
mal para intentar subsanarlo. Si se llega a una situación negativa
extrema, retírense educadamente de manera temporal, dejando
toda la información y su tarjeta de presentación, pregúntenle
cuándo sería oportuno volver a llamar o ir a verlo y cumplan el
plazo que les indiquen, si pese a la postergación se niega otra vez,
sepan entender sus razones. Recuerden que no a todos los compradores se les puede vender y continúen su programa de trabajo
como si nada. Ya caerá el siguiente.

Así concluí la sesión y el día de trabajo. Nos despedimos y
quedamos de estar al pendiente de cuándo sería nuestra siguiente cita. Nadie se imaginó que tendría lugar en un país lejano.

nuestro vuelo pequeñas turbulencias que zarandearon un poco el avión, por lo que el capitán encendió el letrero de abrochar los cinturones. Aproveché entonces para tratar el siguiente tema:

EL CORREO ELECTRÓNICO

Como se quedaron quietos, robé su atención y les dije:
—El correo electrónico es otra de las grandes maravillas del mundo de la comunicación. Junto con el celular, hemos creado otra gran dependencia hacia él que también debe responder a ciertas normas:

- El escribir correos electrónicos no los exime de hacerlo correctamente, cuidando la ortografía y la redacción. Estas dos características les harán quedar mejor ante aquellos que no sepan cómo hacerlo (y que se esconden detrás de una supuesta modernidad en la escritura para ocultar sus terribles carencias profesionales y justificar su ignorancia). Escribir con corrección jamás será materia de obsolescencia; por el contrario, piensen que mientras más ignorantes abunden en su competencia, más oportunidades tendrán ustedes de destacar.

- Resistan la costumbre de seguir cadenas de correos o de dar seguimiento a bromas, chistes o imágenes comprometedoras o de mal gusto. El hecho de que su cliente figure en su lista de contactos puede ser un riesgo, ya que un mal día se les puede ir en esos envíos uno para él y lo pierdan para siempre por ordinarios.

- No envíen material promocional o publicitario por correo electrónico. La mayoría de la gente, la que verdaderamente trabaja y toma decisiones importantes, no tiene tiempo para desahogar la gran cantidad de correos inútiles que se acumulan en su bandeja de entrada, por lo que generalmente los borran sin abrirlos. Cuiden que su nombre no se convierta en basura electrónica y en otra piedra en el zapato profesional de sus clientes.

- Cuando dirijan justificadamente un correo electrónico a sus clientes potenciales, señalen con toda claridad el asunto. Tengan por seguro que si les interesa, lo abrirán y recibirán respuesta. Nunca utilicen el engaño como anzuelo pues una vez descubierto el ardid, los pondrán en su lista de correo indeseable.

EL CORREO DE VOZ

—Éste es uno de los avances de la comunicación moderna que nos ha obligado a hablar con máquinas y no con seres humanos, lo cual no siempre es agradable. Ni hablar, la telefonía digital con el correo de voz llegó para quedarse, así que no ganamos nada con enojarnos por una máquina contestadora. Es cierto que es molesto escuchar una voz grabada que contesta y enuncia un menú de posibilidades de comunicación, pero también es verdad que la gran mayoría ofrece siempre la posibilidad de marcar un número en el que se recibirá atención personal en caso de requerirla. Como los beneficios que el correo de voz reporta son más que las molestias, acostumbrémonos a usarlo. Cuando les conteste la voz de su cliente potencial diciéndoles que no se encuentra, que por lo tanto dejen su mensaje... háganlo. Sin embargo no dejen la información completa, sino solamente una frase atractiva que invite a que les devuelvan la llamada.

Como no hubo otro comentario que agregar, cambié de tema e introduje:

EL MANEJO DEL ENOJO Y DEL HUMOR

—Dos estados de ánimo antagónicos que todo vendedor deberá saber manejar. ¿Cómo reaccionar ante el enojo de un cliente? ¿Cuáles son los límites del humor? Dos preguntas a las que daré fácil y breve respuesta.

Cuando un cliente está molesto y decide dirigirse a ustedes para reclamar su caso, la manera correcta de reaccionar será siguiendo los:

DIEZ MANDAMIENTOS DE LA LEY DEL ENOJADO

1. No le quitarán la razón, pues lo único que lograrán será empeorar la situación.
2. Nunca responderán al enojo con más enojo.
3. No minimizarán el problema.
4. No justificarán ninguna conducta errónea.
5. Escucharán pacientemente hasta que el cliente se desahogue.
6. Repetirán frases clave que haya dicho para hacerle ver que lo han escuchado y entendido.
7. Establecerán con él un vínculo emocional que le indique que lo sienten mucho, que están preocupados y que harán su mejor esfuerzo para solucionar el problema de inmediato.
8. Pedirán que les dé un plazo razonable para investigar y resolver.
9. Resolverán la situación, así signifique incurrir en gastos adicionales.
10. Cuidarán la reputación de la empresa, del producto y de ustedes por encima del dinero. Un problema bien resuelto, aunque cueste, siempre significará más ventas a mediano plazo.

Pasó la turbulencia y la vendedora, que ya ponía cara de angustia, se levantó de inmediato al baño. Cuando regresó nos encontró riendo a mandíbula batiente y se imaginó de inmediato que nos estábamos riendo de ella y de su urgencia. Y tenía razón… el vendedor había traído a colación un chiste buenísimo que trataba de las mujeres y su urgencia de ir al baño, sólo que era demasiado soez como para contárselo; además, no hay nada más anticlimático que un chiste repetido a destiempo, y peor aún, explicado.

—Pues no me parece que se burlen de mí a mis espaldas —dijo indignada.

—Tienes razón, pero debo reconocer que la broma fue graciosa y oportuna —justifiqué al vendedor.

—Pues pudo haberlo sido, pero no hay nada más odioso

que hacer bromas a costa de las mujeres o de cualquier otro grupo minoritario o desvalido. Yo jamás acuso recibo de chistes sexistas o racistas, pues "el que se ríe se lleva".

—Tienes razón —repetí.

—Además, un buen chiste siempre debe tener clase, de lo contrario caerá en la categoría de broma pesada. No sé qué gracia encuentran los hombres en lo vulgar o despectivo. A ver... ¿habrían bromeado igual si yo hubiera sido su cliente?

—Por supuesto que no —le indicó el vendedor acertadamente, aunque en su interior tal vez siguiera bromeando.

—Pues entonces el humor debe tener límites. No creo que sea conveniente quedar como el bufoncito de las reuniones, y menos si son de trabajo, ya que les restaría categoría profesional. Bueno... Tratemos de reenfocarnos en el tema.

—Tienes razón —dije por tercera vez.

Pero ya no fue necesario desarrollar el tema del humor... ella solita lo había dicho todo. Sólo me limité a resaltar los principales aspectos que había tratado sin querer y que quedaron como enseñanzas prácticas bastante reales.

Me restaba tan sólo tratar un último tema de imagen vendedora profesional:

COMIDAS Y VIAJES DE NEGOCIOS

—El buen comportamiento en la mesa o en los viajes de negocios es un deber que todo vendedor debe aprender debido a la gran cantidad de veces que tienen que salir a comer con un cliente o que viajan a congresos, convivios laborales, convenciones, capacitaciones, etc. Cuántas veces los clientes se percatan de que aquella persona que parecía tan preparada y profesional en las reuniones laborales, a la hora de convivir en una comida o en un viaje saca a relucir el cobre de su falta de educación al respecto.

—Bueno... nadie nace sabiendo —dijo el vendedor defendiendo inconscientemente su propia posición.

—Estoy de acuerdo, pero también es cierto que pocos acuden a capacitarse en la materia pues lo consideran vergonzoso.

Yo admiro a mis alumnos ejecutivos que con toda sencillez reconocen que hay muchas cosas que aunque todos dan por sabidas, ellos las desconocen. Me gustaría transmitirles que, en cuestiones de imagen vendedora, no podemos dar por supuesto que todos saben todo; es por eso que considero un deber transmitir el conocimiento básico de los protocolos durante una comida o un viaje de negocios. Empezaré por:

LAS COMIDAS DE NEGOCIOS

Escribí el título en la pantalla y continué:

—El objetivo de salir a comer con un cliente es ampliar los horizontes de la relación profesional hacia terrenos más cálidos y cercanos. Es bien sabido que muchos compradores prefieren hacer negocios con aquellos que conocen en otros escenarios más allá de las oficinas. Por ello, lo primero que deberán hacer es no abordar los negocios en cuanto se sienten a la mesa. Primero será recomendable hablar de muchos otros temas que pueden ser relevantes para el cliente, por ejemplo, sus aficiones, la práctica de algún deporte, la familia, viajes o entretenimiento. Tengan en cuenta que si ustedes son los anfitriones, deberán estar durante todo el tiempo que dure la comida al pendiente de los detalles de servicio de su cliente y que como anfitriones deberán al final pedir y pagar la cuenta. El que invita paga, es la regla general. Traten siempre de ir a comer a los mismos lugares en donde ya los conocen, les dan trato preferencial y buen servicio, no se arriesguen a invitar a un cliente nuevo a un lugar que no conozcan y que, por lo tanto, implique el riesgo de fallar en cualquier aspecto. La asociación de la imagen del restorán al que inviten con su imagen vendedora será inevitable, por ello siempre fíjense bien en la calidad del lugar a donde lleven a su cliente. Algunas reglas básicas de comportamiento serán:

- Adecuen sus hábitos de fumar y beber a los de su cliente. Nunca será obligatorio beber, pero será una descortesía dejar que su cliente beba solo o coartar que beba por el simple hecho de que usted no lo haga.

- Jamás se emborrachen en una reunión social-profesional y mucho menos se atrevan a decir alcoholizados lo que nunca se atreverían en sus cinco sentidos.
- Cuando ordenen, decidan pronto lo que van a comer y no cambien posteriormente su decisión. La indecisión al ordenar se toma como rasgo de personalidad negativo relacionado con falta de carácter o de voluntad.
- No ordenen cosas difíciles de comer como espagueti, mariscos cuya concha deba romperse con pinzas o pescados que vengan completos, a menos que ustedes ya sean diestros en la materia y sepan usar los instrumentos con elegancia y sin manchar a los demás.
- Limpien sus labios antes de beber para evitar dejar manchada la copa.
- Coman o hablen, pero nunca las dos cosas al mismo tiempo.
- No se suenen, ni sorban la nariz en la mesa.
- No tomen medicamentos delante de su cliente. Si deben hacerlo levántense al baño y háganlo ahí.

—Las siguientes son cosas básicas adicionales que saber respecto a la cubertería y cristalería:

- Cuando vean muchos cubiertos diferentes a los lados de su plato y no sepan qué hacer, recuerden que los cubiertos se van tomando de afuera hacia adentro, generalmente por pares, a excepción de la cuchara sopera, que se usa sola.
- La copa grande es la de agua, la otra es la de vino, y su tamaño y forma puede variar. Las copas que les corresponden son las de la derecha.
- Su plato de pan es el de la izquierda. Partan el pan en pequeños pedazos para comerlo. Si untan mantequilla en él, usen el cuchillo pequeño especial que seguramente les dejaron en el plato correspondiente. Unten poca cantidad.
- Si comparten platillos o salsas al centro, sírvanse usando los cubiertos específicos para cada cosa, que debieron haberles dejado con ellos. Nunca utilicen sus propios cubiertos para servirse del centro y menos si ya se los llevaron a la boca.

- Cuando no sepan qué hacer, esperen un poco e imiten. Si nadie actúa, pregunten, siempre será mejor preguntar y quedar como ignorantes que actuar incorrectamente y confirmarlo.

Consideré suficiente lo transmitido e hilé el siguiente tema protocolario sin dejar que me preguntaran, pues corría el riesgo de pasar el resto de la sesión en capacitación de reglas de etiqueta y sobre ese tema había mucho material escrito que podrían consultar después, así que puse el título correspondiente a:

VIAJES DE NEGOCIOS

—Muchísimos vendedores viajan, y estoy de acuerdo con que la mejor forma de aprender a hacerlo es recorriendo el camino, experimentando, acumulando vivencias buenas y malas. Sin embargo, no salen sobrando algunas recomendaciones que sirvan para cuidar y complementar la buena imagen vendedora:

- El primer artículo a empacar debe ser la paciencia. No existe viaje sin que ocasionalmente suceda algún contratiempo: los aviones se retrasan, las maletas se extravían, los autos se descomponen, los hoteles omiten reservaciones o los meseros se equivocan, por lo que no tiene ningún sentido discutir con todos por todo, menos si quienes reciben nuestra queja no son los responsables de la falla.
- La experiencia de un buen viajero va en relación inversa a la cantidad de equipaje que lleva. A más experiencia, menos equipaje y viceversa.
- Compren una buena maleta, úsenla hasta que ya no luzca bien y repónganla con otra igual de buena o mejor. La calidad de su equipaje hablará de su calidad personal; además, entre mejor sea la maleta más resistirá. No se disguste porque se la maltrate el personal de las líneas aéreas, consuélense con saber que a todas les pasará lo mismo y que ninguna maleta, jamás, saldrá mejor que como entró.

- Empaquen vestuario fácil de coordinar, limpiar y desarrugar.
- Viajar cómodo no significa viajar en fachas. Eviten los *pants* deportivos, las chanclas, los *jeans* y las *T-shirts*. (A menos que sean *Rock stars* o jugadores de futbol *soccer*.)
- Artículos útiles inusuales que sugiero empacar en una bolsita y que tarde o temprano los sacarán de apuros son: Clavija multiplicadora de enchufes eléctricos para colocar en el lugar del foco de cualquier lámpara, tapón de hule de bañera o lavabo, pequeñas tijeras de punta redondeada, un desarmador chico de precisión, tapones para los oídos y filtro solar.
- Las propinas son parte de cualquier viaje. Inclúyanlas en su presupuesto y no traten de esquivarlas, quedarán como miserables y recibirán mal servicio si vuelven al mismo lugar.
- Si viajan en auto consérvenlo limpio, sobre todo si en él subirá su cliente. Está demostrado que un auto sucio produce un conductor deprimido. ¿Así quieren llegar a sus citas?

Sólo cuando terminé me di cuenta de que ambos vendedores habían estado inusualmente callados tomando una nota tras otra, así que les pregunté si tenían alguna duda. Me contestaron que no, aunque les habría gustado que me hubiera extendido más en el tema de las normas de etiqueta social en los negocios. Lo sabía... todo el mundo va por la vida haciendo como que ya conoce todo lo referente a vestuario, aliño y etiqueta, pero extrañamente, cuando abordo esos temas en mis seminarios, asumiendo que ya existe el conocimiento previo, son los que más preguntas básicas producen. Curioso, ¿no?

Terminamos la sesión y los invité a que disfrutáramos del resto del viaje, habíamos utilizado la mitad de las horas en trabajar y teníamos tiempo de pasar al comedor del avión para degustar un menú de altos vuelos, literalmente, y después podríamos disfrutar de un cigarrillo o de un buen puro con café. El Presidente tenía un humidor con una colección envidiable que había puesto a mi disposición en la pequeña sala recibidor.

La vendedora me pidió autorización para poder usar la recámara que tenía baño, que suponía que estaba destinada para mí, pues deseaba bañarse y cambiarse de ropa, así que se la cedí y la conduje hasta ahí. Cuando entramos a la recámara me sorprendió, pues cual si fuera una chiquilla, se derrumbó sobre la cama y se estiró cuan larga era. Me miró con coquetería rayana en la insinuación, dio un giro completo sobre sí misma, mientras suspiraba como gozando genuinamente del relajamiento que le proporcionaba la posición. Llevó las manos entrelazadas a su nuca, dobló una pierna en escuadra y posó el estilete de su sandalia sobre el edredón de pluma de ganso, en franco atrevimiento y violación del decoro. "¿Qué se sentirá dormir aquí?", me preguntó. "¿Crees que el presidente haya hecho el amor en esta cama durante algún vuelo?" No supe qué contestar, así que le di una respuesta evasiva insustancial. La visión de ella acostada con las manos detrás del cabello revuelto, el pecho apretado contra su ajustado top por efecto de la espalda arqueada y la amplia falda deslizada a la mitad de sus firmes muslos era francamente perturbadora, por lo que cambié repentinamente el modo de la conversación, indicándole el baño y un par de tonterías más que me hicieron sentir tan torpe como un botones que no sabe qué hacer ante el descubrimiento inesperado de una huésped semidesnuda. Me excusé, ella se rió a carcajadas y me retiré para reunirme con el resto de mi equipo, que me esperaba para que diera la autorización final al Plan Maestro de Imagen Pública que íbamos a presentar.

Después de algo menos de una hora, cuando nos sentamos a la mesa y la vendedora apareció en el comedor del avión recién bañada y arreglada, todos nos quedamos sin palabras, en especial mi consultora estrella, quien notoriamente la había hecho el blanco de sus comentarios con los demás en mi ausencia. Ante nosotros estaba la mujer con la mejor apariencia profesional que jamás hubiésemos imaginado. Se había recogido el cabello y maquillado discreta pero cuidadosamente, portaba un sobrio atuendo de traje sastre azul oscuro con la falda a la mitad de la rodilla, blusa camisera *stretch* mezcla de algodón y lycra de color blanco, desabotonada hasta donde estaba permitido. Remataba la falda un cinturón con hebilla de concha, medias transparentes, zapatillas cerradas de color rojo quemado y un bolso ejecutivo que combinaba a la perfección. "Es el atuendo que compramos juntos", pensé de inmediato. Ella se dio cuenta de la impresión positiva que había causado en todos y se dirigió con seguridad al lugar que le habían asignado, al otro extremo de la mesa, justo frente a mí. Por primera ocasión me sentí orgulloso de ella y creí haber encontrado a quien podría ser digna depositaria de mi complejo de Pigmalión.

CAPÍTULO VEINTIDÓS

La imagen verbal vendedora

E l resto del viaje transcurrió sin sobresaltos y en completa paz. Después de comer y de la sobremesa en el salón, tomé una reconfortante siesta que me sirvió para arribar al destino lleno de energía. Antes de descender del avión, me duché y me cambié de ropa, por lo que lucía como si no hubiera viajado casi diez horas. Un par de vehículos nos recogió en el hangar presidencial y nos trasladó directamente a las oficinas de gobierno, donde se celebraría una reunión de exposición y concreción de nuestro plan de trabajo con algunos de los colaboradores más cercanos de la presidencia. Posteriormente, el Presidente nos invitó a cenar en la residencia oficial, reunión que no demoró demasiado por lo que pudimos llegar a nuestro hotel a tiempo para instalarnos y dormir temprano, lo cual agradecí pues los días siguientes serían de intensa actividad. Desde nuestra partida había solicitado a dos de los consultores master que compartieran habitación con los vendedores, petición a la que en principio habían accedido gustosos, pero uno de ellos era la consultora que después había mostrado cierta reticencia hacia la joven seductora. Deseé que la falta de simpatía no fuera a ocasionar problemas y me dispuse a descansar. Tenía cosas más importantes de que ocuparme.

Desde el primer día los vendedores fueron invitados a asistir en calidad de oyentes a todos los seminarios, pues consideré que había en ellos mucho conocimiento universal que podrían aplicar al mejoramiento de sus personas, pero sobre todo me interesaba que pusieran especial atención al de imagen verbal, cuyas normas bien podrían aplicar a una presentación de ventas. Ellos tomaron muchas notas que posteriormente analizaríamos en el viaje de regreso, pues por ahora yo debía estar cien por ciento concentrado en mi trabajo profesional, dividido entre la consultoría y la capacitación. Actividades intensas que ocasionaron que pese a haber viajado juntos, casi no hubiese tenido tiempo para estar con ellos y dedicarles algo de atención. Apelé a su comprensión y rogué que no lo tomaran a mal. Por fortuna, después constaté que no fue así, al contrario, consideraron que había sido una experiencia fascinante, rica en conocimiento y muy ilustrativa de lo que era mi trabajo, así que no hicieron más que agradecerme la experiencia.

Después de varios días de trabajo en los que el comportamiento de ambos se circunscribió a lo estrictamente profesional, y en los que, contra lo que suponíamos todos, ambas mujeres acabaron congeniando y siendo amigas, nuestra misión llegó a su fin de manera muy exitosa, resultado que celebramos con una cena en la que todos nos divertimos mucho y la vendedora se portó de manera excepcionalmente discreta y cordial.

Al día siguiente, durante el viaje de regreso en el mismo avión que ya conocíamos, poco después de despegar les pedí a los vendedores que me acompañaran a la sala de juntas que habíamos usado la anterior ocasión. Nos instalamos, saqué el material que había preparado con anticipación y les pedí que revisáramos las notas que habían tomado durante el seminario de imagen verbal pues adaptaríamos el conocimiento a la entrevista de ventas. Abrí la computadora, la amable aeromoza me auxilió con la pantalla e inicié la sesión de trabajo preguntándoles:

—¿Qué les pareció la experiencia?, ¿aprendieron algo?

—Por supuesto que sí —dijo el vendedor—, todo fue interesantísimo, y me pareció particularmente útil el poder aplicar cosas como la de... —revisó sus apuntes— los requisitos que debe tener cualquier presentación en público a nuestra entrevista de ventas.

—Y qué me dicen de la importancia que tiene su voz para causar agrado en quien les escucha —les pregunté.

—Me gustó mucho aprender a respirar y a apoyar la voz en el diafragma —añadió la vendedora—. He estado practicando y creo que se me va a quitar la voz de pito que tengo —dijo burlándose de sí misma.

—Bien, pues creo que tenemos suficiente material como para ordenarlo y añadirlo a nuestro aprendizaje. Empezamos con los:

REQUISITOS QUE DEBE CUMPLIR UNA PRESENTACIÓN DE VENTAS.

—¿Quién quiere empezar a mencionarlos? —les pregunté y agregué—: me gustaría además oír qué fue lo que entendieron de cada uno y cómo lo aplicarían a su trabajo.

—Yo —saltó el vendedor y dijo:

—El primero es la:

SENCILLEZ

Y explicó:

—Toda presentación de ventas debe perseguir el objetivo de transmitir un mensaje claro al cliente y eso sería imposible de lograr si usáramos un lenguaje complicado o lleno de tecnicismos que dificultara el entendimiento del comprador. Para lograr la sencillez es necesario que adecuemos nuestro lenguaje al de él —revisó sus notas y continuó:

—El segundo es el:

CONOCIMIENTO

—Es imprescindible el estudio completo de los productos o servicios que vendamos. Tenemos la obligación de conocerlos profundamente de manera que podamos informar con autoridad acerca de sus características, posibilidades de uso, necesidades que satisfacen y beneficios que reportan. Ningún comprador estará dispuesto a confiar en un vendedor que no sepa de qué está hablando.

Iba encarrerado, así que pasó al tercero sin preguntar si le correspondería hacerlo.

BREVEDAD

—Vivimos en una era en la que el tiempo es un bien escaso. Una presentación de ventas debe eliminar la palabrería superflua e ir directamente al grano, con el objeto de ahorrarle tiempo a quien la escuche. Si la presentación es buena y además breve, será dos veces buena.

ORDEN

—La presentación de ventas debe seguir un orden de exposición lógico que facilite el seguimiento y responda a las interrogantes de todo aquel que desea comprar: Qué, quién, cómo, cuánto, cuándo, dónde y por qué.

—Anotaste bien —lo interrumpí—, pero en el caso que nos ocupa la secuencia deberá adaptarse de manera diferente —ambos se inclinaron hacia delante y pusieron mucha atención.

—Propongo incluir primero el Qué y el Cómo. Es decir, la descripción de las características del producto o servicio y la manera como funcionan —los vendedores anotaban.

Después seguir con el Por qué y el Cuánto. Enumerando los beneficios que brinda y las necesidades que satisface el producto, para cerrar esta etapa con la revelación del precio y las condiciones de pago.

—Esto último... ¿Lo decimos antes de que nos lo pregunten? —preguntó la vendedora.

—No... —le contesté—, espera primero a que el comprador te exponga sus dudas sobre la manera en que tu producto puede ayudarle a cumplir con sus objetivos. Acláraselas y vuelve a guardar silencio. Por lo general, el siguiente paso será que te pregunte cuánto cuesta, y hasta entonces tú le darás con seguridad el precio y agregarás cómo debe pagarlo —concluí y continué con mi secuencia:

—Finalmente, cerrar con el Quién, Cuándo y Dónde. Señalando responsables, plazos y lugares necesarios para que la operación se concluya.

Ahora bien, esta recomendación no es algo absoluto y riguroso. Si de acuerdo con su peculiar situación deben hacer ajustes a este orden, procedan con toda confianza, la ventaja que tiene es que pueden adaptarlo a sus necesidades de presentación de manera que les quede confortable.

Vi que la vendedora estaba muy callada. Entonces decidí que debería darle más juego y le pregunté:

—¿Qué más podrías agregar?

Ella revisó sus notas para dar con el concepto que seguía y cerraba el tema. Cuando lo localizó dijo:

—Que debemos de creer en lo que estamos haciendo. Debemos de creer en nuestro producto, en nuestra empresa y en nosotros mismos. —me contestó.

—Es decir... debemos tener:

CONVICCIÓN

—concreté—. Motivar la acción de compra sería prácticamente imposible si careciéramos del convencimiento de lo que estamos diciendo. Cuando hablamos acerca de algo en lo que no creemos o que no nos gusta, nuestra actitud corporal, tono de voz y sentimiento nos delatarán y el comprador se sentirá desanimado. Por eso es necesario poseer la convicción necesaria que se traduzca en sinceridad y entusiasmo por lo que hacemos y ofrecemos, para ser capaces de transmitir pasión, porque las pasiones siempre convencen.

En ese momento el avión se sacudió un poco, hizo unos cuantos ruidos extraños y yo aproveché para hacer una pausa y ordenar mi propia presentación. Entonces les dije:

—Pasemos ahora a revisar lo que ustedes aprendieron en el seminario como el modelo psicoemocional de las audiencias, pero voy a adaptarlo a cualquier comprador, así que quedará como sigue:

Escribí en la pantalla:

MODELO PSICOEMOCIONAL DEL COMPORTAMIENTO DEL COMPRADOR

Y proseguí:

—Antes de revelárselo, quiero primero establecer una norma de contenido que será de gran utilidad para el desarrollo del modelo. Estoy hablando de la:

REGLA DE LA LENGUA DE ORO

Se rieron ante el extraño título y seguí:

—La regla dice que cuando se estén dirigiendo a su comprador...

SÓLO HABLEN DE LO QUE SABEN, LO QUE PIENSAN, LO QUE SIENTEN Y LO QUE HAN VIVIDO.

—Cada parte se convertirá en un elemento indispensable que deberán incluir en su presentación para estimular al comprador de la siguiente manera:

- Lo que **saben** transmitirá su **conocimiento**.
- Lo que **piensan** hará saber su **opinión**.
- Lo que **sienten** contagiará su **emoción**.
- Lo que **han vivido** demostrará su **experiencia**.

—Esta regla será fundamental que la cumplan pues constituye la parte sustancial de las tácticas que deberán llevar al cabo para manejar exitosamente su entrevista de ventas.

Hice una pausa a fin de abrir el espacio que necesitaba para pasar a la explicación del modelo psicoemocional del comportamiento del comprador, y continué:

—Todo comprador, como cualquier público, responderá a un patrón de conducta derivado de los pensamientos y sentimientos que genere durante la entrevista con ustedes. Como cualquier ser humano expuesto a un proceso de estimulación mixta, el comprador irá respondiendo conductualmente conforme vaya recibiendo los estímulos que ustedes le envíen y vaya satisfaciendo las necesidades psicoemocionales específicas que le genere cada etapa del proceso. Estas últimas deberán quedar satisfechas para que acceda a pasar a la siguiente etapa, y así sucesivamente, hasta llegar a una culminación exitosa. Entonces mi propuesta para que un vendedor pueda manejar con eficacia una entrevista de ventas consistirá en dejarle actuar con libertad frente a su cliente para que se sienta confortable y seguro, pero pidiéndole que reconozca cada una de las etapas de comportamiento por las que pasará su comprador para que logre satisfacer plenamente las necesidades psicoemocionales correspondientes. Creo que éste es un mejor camino que el de seguir como títeres las viejas fórmulas cliché de ventas, la mayoría impuestas por la experiencia de vendedores exitosos cuyo estilo no necesariamente coincidirá con el de ustedes. De ahí que no a todos les den resultados positivos.

—O sea que yo puedo hacer mi entrevista como quiera, de acuerdo con mi estilo, pero voy siguiendo el camino que me dará el modelo —me dijo el vendedor. No podría haberlo sintetizado mejor.

—¡Exacto! De eso se trata, reconoces cada etapa, satisfaces la necesidad que tu comprador generará en cada una y ¡Bingo! Llegarás al final de la entrevista con una enorme probabilidad de que te compre.

Agradecí la concreción y abrí el tema nuevo:

—El modelo que les propongo constará de cuatro etapas en las que el comprador se encontrará en una situación psicoemocional determinada. Las cuatro etapas son:

I. EXPECTACIÓN
II. DESCONOCIMIENTO
III. ESCEPTICISMO
IV. SATISFACCIÓN.

—Veamos la primera:

ETAPA DE LA EXPECTACIÓN

—Es la que corresponde a la espera generalmente curiosa y a veces hasta tensa de un acontecimiento que interesa o importa. Suponemos que el comprador está interesado desde el momento en que les ha dado una cita o se dirige a ustedes, pero actúa con indiferencia. Esto quiere decir que está sintiendo un estado de ánimo en el que no está ni a favor ni en contra de lo que vayan a decirle, de ahí que lo que necesite sea que rompan su indiferencia y logren atraerlo hacia ustedes y su producto. Para ello aconsejo primero escuchar atentamente qué es lo que necesita y después seguir la estrategia de llamar su atención. La táctica para llevar al cabo la estrategia será mencionar una frase fuerte que lo obligue a interesarse en lo que van a mostrarle.

—¿Como qué? —preguntó el vendedor.

—Es difícil de precisar, pues cada caso deberá particularizarse de acuerdo con la idea, el producto o servicio que estén vendiendo, pero tendrán que alejarse de frases comunes y crear algo impactante y específico para lograr interesar al cliente en ustedes. Si no logran este objetivo, lo demás saldrá sobrando, pues la consecuencia será el aburrimiento, la distracción y la cerrazón de los oídos de su cliente —le contesté y les mostré el cuadro que resumía esta primera etapa:

COMPRADOR	ETAPA I
SITUACIÓN PSICOEMOCIONAL	EXPECTACIÓN
CONDUCTA	**Indiferencia**
NECESIDAD	**Atracción**
VENDEDOR	
OBJETIVO	Interesar
ESTRATEGIA	Llamar la Atención
TÁCTICA	**Frase fuerte**
CONSECUENCIA POR FALLAR	**Desinterés**

Pasé entonces a la segunda etapa:

—En el momento que logren el objetivo de interesar al comprador, él se empezará a formular muchas interrogantes que requerirán respuesta. Pasará entonces a la:

ETAPA DEL DESCONOCIMIENTO

—En esta etapa el comprador necesitará saber muchas cosas y estará dispuesto a escuchar todo lo que le digan, así que por favor... ¡No se equivoquen! Cometer un error en esta etapa echaría por la borda el haber logrado atraer la atención del cliente y produciría en él una enorme decepción. Ésta es la oportunidad de hacer uso del gran conocimiento que obligatoriamente deberán poseer acerca de su producto o servicio, de transmitir al cliente lo que saben y lo que piensan, de instruirlo acerca del qué, cómo, por qué, cuánto, quién, cuándo y dónde. El cuadro que resume esta etapa queda así:

COMPRADOR	ETAPA II
SITUACIÓN PSICOEMOCIONAL	DESCONOCIMIENTO
CONDUCTA	**Disposición a escuchar**
NECESIDAD	**Saber**
VENDEDOR	
OBJETIVO	Instruir
ESTRATEGIA	Informar
TÁCTICA	**Transmitir conocimiento y opinión**
CONSECUENCIA POR FALLAR	**Decepcionar**

—En el momento en que el comprador se dé por suficientemente bien informado entonces pasará a la:

ETAPA DEL ESCEPTICISMO

—Al comprador le llega el momento de dudar acerca de la verdad o de la eficacia de lo que ustedes le acaban de informar,
por lo que les consultará cosas que no hayan quedado claras o
presentará objeciones para no comprar. El comprador escéptico
tendrá una gran necesidad de que le resuelvan sus inquietudes,
así que ustedes deberán aclarar sus dudas y vencer sus objeciones. Tendrán que comprobarle con argumentos sólidos que lo que
han dicho es verdad y benéfico. Les recomiendo en esta etapa
usar la parte de la regla de la lengua de oro de lo que sienten y lo
que han vivido, para transmitir la emoción y la experiencia que
les otorgará la credibilidad. También les sugiero tener a la mano
su lista de clientes satisfechos, mostrar algunos testimoniales de
casos exitosos, contar relatos de casos difíciles resueltos, y todo
aquello que les permita superar el escepticismo de su cliente. Si
ustedes fallaran en esta etapa, dudo que pasen a la siguiente,
pues el comprador desconfiará de ustedes y de lo que ofrecen,
les dará evasivas y los dejará profundamente frustrados. Por el
contrario, si logran satisfacer la necesidad de esta etapa, pasarán
a la siguiente y estarán a punto de cerrar la venta. Les presento el
cuadro que resume la tercera etapa:

COMPRADOR	ETAPA III
SITUACIÓN PSICOEMOCIONAL	ESCEPTICISMO
CONDUCTA	**Consulta**
NECESIDAD	**Aclarar**
VENDEDOR	
OBJETIVO	Resolver
ESTRATEGIA	Comprobar
TÁCTICA	**Transmitir sentimiento y experiencia**
CONSECUENCIA POR FALLAR	**Desconfianza**

—Veamos ahora la etapa final:

ETAPA DE LA SATISFACCIÓN

—El comprador en ciernes entrará a la etapa de la confianza y tendrá seguridad de ánimo acerca de lo que debe hacer, querrá cumplir su deseo, darse gusto, actuar y sólo necesitará un empujoncito para que estampe su firma en el pedido o saque su dinero y pague. Para lograrlo, ustedes deberán convencerlo, moverlo a comprar con razones y sentimientos poderosos que le infundan energía moral y lo inciten a la acción. La táctica a seguir será construir un argumento verbal fuerte, incitante, que refuerce el deseo de comprar. El argumento deberá ser contundente y después de dicho, hay que guardar silencio. El cliente aceptará y ustedes habrán cerrado una venta más. Equivocarse en esta etapa, dejar insatisfecha la necesidad de motivación de su cliente equivaldrá a la acción del cazador que habiendo tenido a su presa en la mira, la haya dejado ir viva por no haber accionado el gatillo. Así queda el cuadro de la cuarta y última etapa:

COMPRADOR	ETAPA IV
SITUACIÓN PSICOEMOCIONAL	SATISFACCIÓN
CONDUCTA	**Actuación**
NECESIDAD	**Motivación**
VENDEDOR	
OBJETIVO	Convencer
ESTRATEGIA	Animar
TÁCTICA	**Cerrar fuerte**
CONSECUENCIA POR FALLAR	**Pérdida de la venta**

—Ya sólo me resta mostrarles el cuadro general del modelo psicoemocional de comportamiento del comprador:

COMPRADOR	ETAPA I	ETAPA II	ETAPA III	ETAPA IV
SITUACIÓN PSICOEMOCIONAL	**Expectación**	**Descono-cimiento**	**Escepti-cismo**	**Satisfac-ción**
CONDUCTA	Indiferencia	Disposición	Consulta	Actuación
NECESIDAD	Atracción	Saber	Aclara-ción	Moti-vación
VENDEDOR				
OBJETIVO	**Interesar**	**Instruir**	**Resolver**	**Convencer**
ESTRATEGIA	**Llamar la Atención**	**Informar**	**Com-probar**	**Animar**
TÁCTICA	**Abrir Fuerte**	**Transmitir conocimien-to y opinión**	**Trans-mitir sen-timiento y expe-riencia**	**Cerrar Fuerte**
CONSECUEN-CIA POR FALLAR	Desinterés	Decepcionar	Descon-fianza	Pérdida de la venta

Terminé el tema justo cuando la aeromoza entró a ofrecernos unos bocadillos deliciosos con una copa de vino blanco espumoso frío que nos vino muy bien. Después me dio un puro del humidor del Presidente mientras me decía que se acordaba de lo mucho que lo había disfrutado en el anterior viaje, así que me "sacrifiqué" escogiendo un *panatela* ligero que encendí con cerillos largos de madera que ella también me alcanzó. Los vendedores aprovecharon para levantarse y desperezarse un poco. La vendedora fue al baño y cuando regresó olía a ese aroma delicioso que me fascinaba. Me gustaba que fuera cuidadosa en el cuidado de su imagen física y que cada vez que tuviera una oportunidad se retocara; eso la mantenía siempre atractiva. Satisfecho por todo, me dispuse a abordar otro aspecto de la imagen verbal vendedora, así que presioné el teclado de la lap top y exhibí la diapositiva que decía:

LA IMPORTANCIA DE LA VOZ EN LAS VENTAS

Y les dije:

—Habiendo expuesto cuestiones de fondo, ahora abordaré las de forma. El principal instrumento que tienen para transmitir cualquier mensaje es su voz, la manera en que la empleen, su tono, tesitura, ritmo y pausas influirá en la calidad del mensaje que estén transmitiendo. De manera breve, definiré cada cualidad:

- El *tono* de la voz se refiere a su intensidad, al mayor o menor volumen que empleen al hablar.
- La *tesitura* es la altura propia de cada voz, grave o baja, mediana y aguda o alta.
- El *ritmo* se relaciona a la velocidad con la que lancen las palabras, rápida, mediana o lenta.
- Las *pausas* son los espacios de silencio intercalados entre los grupos de palabras, necesarios para favorecer el entendimiento del que escucha y para esclarecer las ideas del que habla.

—¿Cuál es la voz ideal para vender? —me preguntó el vendedor.

—La voz agradable deberá ubicarse en el centro de la cara y deberá salir simultáneamente de la boca y la nariz —señalé la región al centro de la cara—. Las voces provenientes de la garganta, llamadas *guturales*, y las provenientes de la nariz, *nasales*, serán afectaciones de la calidad de la voz. Está demostrado que las voces más favorecedoras para vender serán las bajas, pausadas, de tono y ritmo medio. Sin embargo, las variaciones de tono y ritmo deberán usarse hacia arriba y hacia abajo para resaltar una idea importante o imprimir mayor o menor energía a la intención.

—Yo siempre he pensado que tengo fea voz —dijo la vendedora—, pero desde que tomé el entrenamiento y he practicado unos días noto que sí está mejorando.

—La calidad de la voz siempre podrá mejorarse en todas sus características y también será posible eliminar algunos defectos como las muletillas, repetir constantemente palabras sin sentido, y de dicción, cuando no se entiende lo que se está diciendo por apretar de manera exagerada las palabras, arrastrarlas de forma desagradable o "comerse" letras; sin embargo, lograrlo será producto de entrenamiento especializado y de práctica constante. Quiero mencionarles que la respiración profunda, el apoyo diafragmático de la voz y el uso de la sonrisa serán elementos que mejorarán mucho su calidad vocal. Todo es cuestión de buscar el entrenamiento especializado que arrojará resultados desde el primer día —concluí.

No quería terminar el capítulo sin referirme a ciertos trucos verbales que siempre dan buenos resultados. Se trata de los:

EUFEMISMOS VENDEDORES

Les dije:

—Un *eufemismo* se refiere a la manera suave de decir las cosas, en lugar de la expresión franca y directa, que aunque correcta, sería muy dura. Por ejemplo, decimos *invidentes* en lugar de

Me interrumpió poniendo la palma de su mano sobre mi antebrazo y diciéndome con una mezcla de dulzura y condescendencia:

—No, tontito... —alargó como siempre las vocales y a su actitud sólo le faltó pellizcar mi mejilla—. ¿No te das cuenta?...

—No... ¿De qué?

—¡El comerciante es el tercer huésped de El Oráculo! —me dijo exaltada.

Me quedé estupefacto. ¿Cómo no me había dado cuenta? Era como haber estado perdido en el bosque sin haber visto los árboles. ¡Por supuesto! Primero el filósofo, después el gran guerrero y ahora el comerciante. La trilogía de ayudantes para recabar el conocimiento, anunciada por El Oráculo, se había cumplido. Pronto saldríamos del agujero.

Nos congratulamos de ello, brindamos y continuamos la velada en un ambiente mucho más relajado, hasta que nos dimos cuenta de que la hora de cerrar el restorán había llegado. Cuando salimos, la sujeté del brazo y vi que todas las miradas masculinas se dirigían hacia ella. Me sentí orgulloso de ella por segunda vez y, además, satisfecho de que caminara junto a mí.

CAPÍTULO VEINTICINCO

La imagen visual vendedora

Llegó el día de la última reunión de trabajo, y cuando los cité, así se los hice saber. A mí me embargaba un sentimiento contradictorio que iba de la alegría de haber terminado mi misión a la tristeza de saber que la frecuencia de trato ya no se daría igual. Habíamos dejado de vernos una semana y después descubrí que ellos también se sentían extraños. Llegaron puntualmente, vestidos de manera impecable. Ella, como siempre, llena de detalles seductores. Él estaba totalmente transformado; se había puesto el atuendo completo que habíamos adquirido juntos en las tiendas del centro comercial y se veía como todo un profesional de las ventas de altos vuelos. Incluso su actitud había cambiado: caminaba más erguido, hacía mejor contacto visual, su voz había adquirido profundidad y el conjunto de elementos transmitía gran confianza y pulcritud. Aquel hombre gris y anticuado había quedado atrás. Cuando le pregunté cómo iba su relación con la nieta del dueño de la librería, esbozó una gran sonrisa y me hizo un ademán emblemático que significaba que todo marchaba de maravilla. Ya había formalizado su noviazgo con ella y estaba muy feliz. Ahora sólo le faltaba conseguir empleo y tenía la corazonada de que pronto lo encontraría.

En esta ocasión el trabajo iba a ser relativamente breve, pues sólo me faltaba tratar el tema de la imagen visual vendedora que incluía unos cuantos aspectos fáciles de desahogar, así que en aras de abreviar les pedí que pasaran a una de las aulas del colegio para comenzar cuanto antes. Además, quería terminar a buena hora, pues me había permitido invitarles a comer al término de la sesión para celebrar la conclusión de nuestro recíproco esfuerzo, y yo ardía en deseos de cerrar con broche de oro. La metodología de enseñanza que seguiría sería la misma que había usado en otras sesiones parecidas, así que tomé el control remoto, me situé de espaldas a la pantalla y proyecté la dispositiva del título:

IMAGEN VISUAL VENDEDORA

Y comencé mi explicación:

—La imagen visual vendedora corresponderá a la percepción que el futuro cliente construya a partir de todos los elementos y apoyos que el vendedor utilice y vayan dirigidos al sentido de la vista. Debemos recordar el axioma que nos dice que el cliente decidirá mayoritariamente por los ojos, así que se imaginarán la importancia mayúscula que tendrá todo aquello que ustedes le muestren. Estoy refiriéndome a catálogos, folletos, instructivos, muestras de producto, papelería corporativa, tarjeta de presentación y cuanto material adicional ustedes deban usar para hacer mejor su entrevista, como una página web, una presentación electrónica o una demostración del producto.

—¿Entrarían también en este rubro los artículos promocionales que a veces me daban para regalar? —me preguntó la vendedora.

—Sí, y su calidad, al igual que la de todos los elementos que les mencioné, influirá en su imagen vendedora, de tal manera que si muestran o dan al comprador un elemento cuya calidad sea baja o se encuentre en mal estado, ocasionarán que él se imagine que su producto, empresa y persona corresponden a la misma baja calidad. Por lo tanto, voy a darles una serie de recomendaciones de imagen visual vendedora que deberán observar para que por ahí no tengan puntos de fuga en sus ventas con imagen.

Puse la diapositiva que llevaba por título:

DIEZ RECOMENDACIONES
DE IMAGEN VISUAL VENDEDORA

Y empecé a enumerarlas:

1. Cuiden sus materiales tanto como su persona. Ellos deberán lucir perfectos y limpios. Si algún objeto que deban mostrar se encuentra en mal estado, elimínenlo y repónganlo cuanto antes.
2. En caso de que un material se les arruine y no puedan reponerlo para el momento de su presentación, será mejor no mostrarlo y carecer del apoyo visual, que mostrarlo mal y empañar su imagen vendedora.
3. El material visual deberá servir para complementar su presentación, nunca para sustituirla.
4. Dejar un catálogo para que el cliente lo vea y después atender la cita para hacer una presentación será un error que propicie prejuicios o interpretaciones equivocados. No permita que el cliente saque conclusiones sin que ustedes estén presentes, pues se encontrarán en desventaja cuando surjan las objeciones.
5. No abrumen al cliente mostrando demasiadas cosas diferentes al mismo tiempo. Su atención se dispersará. Utilicen solamente aquello que sea estrictamente necesario para reforzar su exposición.
6. Cuando muestren información, sólo permitan que el comprador vea aquella a la que se estén refiriendo en el momento, paso a paso. Si le muestran toda de un tirón, él se seguirá revisando el resto y se distraerá.
7. Si muestran fotografías cuiden que reflejen fielmente el objeto original y que la impresión sea buena. Si no es así, no las muestren.
8. Una fotografía hablará no verbalmente de su producto, así que cuiden todo el contexto en el que la fotografía lo muestre (escenario, modelos, etc.). Tengan cuidado de no enviar mensajes equivocados con los elementos adicionales.

9. El diseño, color, tamaño y la forma de su papelería influirá en la presentación de las propuestas escritas en ella, cuiden la coherencia entre todos los elementos tanto como su propuesta misma.

10. La modernidad o antigüedad de sus materiales visuales hará que ustedes sean percibidos de la misma manera. No usen elementos obsoletos aunque estén en buen estado, renuévenlos.

—¿Quisieran ustedes agregar algo más, o preguntar algo?

Negaron con la cabeza, evidentemente lo que querían era terminar, así que había llegado el momento de clausurar nuestras reuniones. Salí un momento del aula para pedir a mi directora de relaciones públicas que me trajera los diplomas que había ordenado hacer para ellos. Cuando entró al aula con los diplomas enmarcados, ambos se quedaron sorprendidos, ya que nunca imaginaron que fuera a entregarles un reconocimiento por escrito. Tomé un cuadro en cada mano y se los exhibí con mucho orgullo, al tiempo que inicié mis palabras finales. Como mensaje de despedida les dije:

—Hemos pasado muchos momentos juntos. Cuando los conocí hace ya algún tiempo, nunca me imaginé que iba a encontrar en ustedes amigos tan maravillosos de quienes también he aprendido mucho. De aquellos vendedores en problemas han emergido personas preparadas que adquirieron una actitud diferente frente a las ventas y también frente a la vida misma. He sido testigo de su cambio y por ello los felicito. Deseo que mi misión de alimentarlos, tal como nos lo señaló El Oráculo en aquella lejana visita que hicimos, les haya sido satisfactoria, porque para mí fue una de las experiencias más enriquecedoras y agradables que haya tenido en mi vida. Vaya para cada uno de ustedes mi reconocimiento a su esfuerzo y a su capacidad de cambio.

Les entregué a cada uno su reconocimiento, y cuando la vendedora recibió el suyo, vi que por sus mejillas rodaban unas lágrimas de alegría y tristeza mezcladas que humedecieron mi cara cuando me abrazó y besó efusivamente. La Alimentación había llegado a su fin y el propósito se había logrado.

CAPÍTULO VEINTISÉIS

El desenlace, o ¿debería decir enlace?

*P*asó el tiempo y las cosas para todos fueron cambiando. Tomé la iniciativa de presentar al vendedor a mi cliente, el comerciante, el día que éste fue a recoger su manual de imagen personal. Después él lo citó en su oficina para entrevistarlo personalmente y lo contrató a prueba. Al poco tiempo se convirtió en uno de los vendedores más exitosos de su corporación, tanto que le pidió que además desarrollara un programa de capacitación para todos los vendedores, de tal manera que aprendieran a realizar ventas con imagen y adquirir una imagen vendedora que pudiera arrojar resultados tan positivos como en su caso. Más tarde, lo nombró gerente de ventas. Fue entonces que se casó con la nieta del dueño de la librería, con quien procreó tres hijos y sueña con enseñarles a vender algún día. Por cierto… la vendedora y yo somos padrinos del mayor. Posteriormente fue ascendido a director comercial, y cuando llegó hasta la cumbre de la compañía, renunció satisfecho para fundar su propia empresa. Hoy el vendedor es un hombre muy rico y vive feliz, tal como lo soñó. ¡Ah… se me olvidaba!… con su primer ingreso me pagó el préstamo y la ropa que compramos, que hasta la fecha guarda como fetiche.

La vendedora entró a trabajar a una empresa "dramática", fabricante de cosméticos muy seductores. Su capacidad vendedora, aunada a su atractiva imagen, la llevó a convertirse en el enlace comercial con las tiendas más importantes del país. La seguí viendo periódicamente, cada vez con más frecuencia, aunque no tanta como hubiera querido, pues entre sus viajes y los míos a veces pasaba hasta una semana sin vernos. Con toda formalidad y cumpliendo con su compromiso, le devolvió a su papá todo el apoyo económico que le había dado, y aunque él en un principio se negó a recibir el dinero de su hija, comprendió que debía hacerlo, pues se trataba de una cuestión de honor y orgullo personal. Las cosas no podían irle mejor, pero ella se sentía insatisfecha, se quejaba frecuentemente de que todavía no había logrado hacer la gran venta de su vida.

Todo cambió el día que tuvo la iniciativa de buscar consejo de vida e ir a ver al Oráculo por cuenta propia, sin decirme nada. Ese día tomó su auto, un descapotable nuevo que había comprado poco después de haber entrado a trabajar, y se dirigió al poblado donde sabía que podía encontrarlo. Fue recibida con el discreto ritual que ya conocía, y cuando El Oráculo apareció y se refirió a la pregunta que quería hacerle, ella la pensó... y como signo de que estaba lista, sólo esbozó una radiante sonrisa que le iluminó el rostro y provocó un gesto de complacencia en el maestro, quien después de consultar el libro y meditar su respuesta le respondió: *"Kuei Mei"*, y le explicó todo lo que podría pasar y que finalmente acabó sucediendo después.

Cuando salió del salón de consulta, se sorprendió gratamente al encontrarse en la sala de espera con el filósofo, el que había conocido en el hotel cuando su retiro, quien amablemente la saludó y la presentó con un par de hombres que lo acompañaban; el primero, el de apariencia más elegante, mencionó ser comerciante, y el otro, un hombre alto y fornido que vestía una especie de uniforme, la saludó con una inclinación de cabeza, sin darle la mano y sin mencionar ni una sola palabra, así que nunca pudo saber quién era ni por qué razón portaba tan extraña indumentaria; sólo se fijó en el peculiar medallón que colgaba de su cuello, el cual mostraba un águila enorme apresando un cordero, imagen que le infundió cierto temor. Cuando le preguntó al filósofo qué hacían ahí los tres, él simplemente le contestó "De aquí somos", y ella pensó que eran originarios del mismo pueblo.

Cuando la volví a ver y me contó lo que había hecho y a quién se había encontrado, de un golpe até los cabos sueltos. Nada había sido una coincidencia, todo estuvo planeado, y aunque revelador, el hecho paradójicamente no me sorprendió, por lo que sólo la miré de manera enigmática. No tenía caso confundirla explicándole cosas que algún día descubriría por sí misma y que yo ya había vivido, por lo que tampoco le mencioné que conocía el enorme poder de El Oráculo y hasta dónde podía llegar. Ella tampoco quiso revelarme qué le había preguntado al Oráculo y lo que le había contestado, pues sabía bien que al decirme la respuesta de *Kuei Mei* yo hubiera descubierto de inmediato sus intenciones, ya que el hexagrama correspondía a "La Muchacha que se Casa".

Como les dije, después de esa experiencia, las cosas cambiaron para ella diametralmente. Ahora puedo decirles que logró hacer la venta de su vida, y con ella hizo que la mía cambiara también. Hoy la veo a diario, me dice todo el tiempo que es feliz y le creo, porque está mejor... mucho mejor.

¡AVISO IMPORTANTE!

Amigos lectores:

En el libro menciono algunos cuestionarios que podrán ayudarles a definir su esencia y descubrir su estilo. ¿Les gustaría conocerlos y contestarlos?

Pues bien…

¡Como valor agregado a su lectura voy a dárselos completamente gratis!

Lo único que tienen que hacer es ingresar a la página:

www.imagenvendedora.com

Ingresen el número de código personal que les hemos dado con este libro, al reverso de la solapa. Regístrense y entonces podrán acceder a ellos. Resuélvanlos con calma y cuidado siguiendo las instrucciones que ahí encontrarán.

Finalmente, quiero recomendarles la lectura de mis otros dos libros: *EL PODER DE LA IMAGEN PÚBLICA* e *IMAGOLOGÍA*, ya que en ellos encontrarán mucho conocimiento adicional que podrá ayudarles a seguir creciendo en el cuidado de su imagen pública.

Reciban mi agradecimiento sincero por su interés y compra.

Les desea éxito siempre,

VÍCTOR GORDOA, CIP

IMAGEN PÚBLICA

Como pioneros y líderes de la cultura de la Imagen Pública en México, informamos poseer los registros de las siguientes marcas:

Marca	Registro número
Imagen Pública	649690 779212 779211
Ingeniería en Imagen Pública	649689 779210 779209
Imagología	615627 809318 833222
Consultoría en Imagen Pública	916411 915594
Consultor en Imagen Pública	872671 915595
Imagólogo	920308 920307
Auditoría en Imagen Pública	916465
Colegio de Consultores en Imagen Pública	649691
Colegio de Gran Clase	37727
Imagen Vendedora	916412
Ventas con Imagen	43264

Por lo que su uso requerirá nuestra autorización.

Colegio de Consultores en Imagen Pública S.C.
Consultoría en Imagen Pública S.C.
Capacitación en Imagen Pública S.C.

(55) 50.80.88.00   www.imagenpublica.com.mx

Bibliografía

Beckwith, Harry, *Venda lo invisible*, Prentice Hall Hispanoamericana, 1998.

Castilla del Pino, Carlos, *Teoría de los sentimientos*, Tusquets Editores México, 2001.

Chopra, Deepak, *Cómo crear abundancia*, Edivisión Compañía Editorial, 2001.

Davis, Flora, *El lenguage de los gestos*, Emecé Editores, 1975.

Fast, Julius, *El lenguaje del cuerpo*, Kairós, 2003.

Fast, Julius, *El sublenguaje del cuerpo*, Paidós Mexicana, 1994.

Gordoa, Víctor, *El poder de la imagen pública*, Random House Mondadori, 1ra. edición, diez anteriores con Edamex, abril 2004.

Gordoa, Víctor, *Imagología*, Random House Mondadori, 2003.

Greene, Robert, Elffers Joost, *Las 48 leyes del poder*, Editorial Atlántida S.A., 1999.

Hoff, Ron, *Puedo verlo desnudo*, Ediciones Granica, 1999.

I Ching, *El Libro de las mutaciones*, Versión del chino al alemán por Wilhelm Richard, Edhasa, 1979.

Ivey, Paul W., *La ciencia y el arte de vender*, W. M. Jackson, Editores.

Kahle, Dave, *Los seis sombreros del vendedor exitoso*, Grupo Editorial Norma, 2006.

Keirsey, David, *Por favor compréndeme*, Tusquets Editores México S.A. de C.V., 1998

Knapp, Mark L., *La comunicación no verbal*, Editorial Paidós Mexicana S.A., 2001.

Maquiavelo, Nicolás, *El príncipe*, Océano.

Marinoff, Lou, *Más Platón y menos Prozac*, Ediciones B, 2000.

Molina, Víctor, *El vendedor profesional: principales estrategias para lograr resultados extraordinarios en tiempos difíciles*, Grupo Editorial ISEF, 1997.

Ruiz, Miguel Ángel, *Los cuatro acuerdos*, Ediciones Urano, 1998.

Schiffman, Stephan, *Los 25 errores más comunes en la venta y cómo evitarlos*, Vergara, 1991.

Singer, Blair, *Vendedores perros*, Santillana, 2006.

Sheehan, Don, *¡Cállese y venda! Técnicas comprobadas para cerrar la venta*, Grupo Editorial Norma, 2002.

Smith, Benson, Tony Rutigliano, *Descubra sus fortalezas en ventas*, Grupo Editorial Norma, 2004

Timm, Paul R., *50 consejos sencillos para conservar a sus clientes*, Patria, segunda reimpresión, 1998.

Tzu, Sun, *El arte de la guerra*, Ediciones Coyoacán, 2006.

Velarde, Eduardo, *Venta de vendedores*, Editores Mexicanos Unidos, 1986.

Weymes, Pat, *Cómo hacerse un mejor vendedor*, Ventura Ediciones, 1991.

Imagen vendedora, de Víctor Gordoa
se terminó de imprimir en octubre de 2007 en
Gráficas Monte Albán, S.A. de C.V.
Fracc. Agro Industrial La Cruz
El Marqués, Querétaro
México